Ronald Du...

Wird Gott mich heilen?

Aus dem amerikanischen Englisch
von Friedemann Lux

 johannis

Meiner wunderbaren

Schwiegermutter,

EILEENE COOK MITCHELL.

Egal, was ich schreibe – sie liebt mich.

Die Bibelzitate sind, soweit nicht anders angegeben,
der Luther-Übersetzung 1984 entnommen.

Die Deutsche Bibliothek – CIP-Einheitsaufnahme

Dunn, Ronald:
Wird Gott mich heilen? / Ronald Dunn. [Aus dem amerikan. Engl. von
Friedemann Lux]. – Lahr : Johannis, 1999
(TELOS-Bücher ; 2404 : TELOS-Paperback :
Johannis Glaubensschritte)
ISBN 3-501-01301-9

TELOS-Paperback 72404
Johannis Glaubensschritte
© 1999 by Verlag der St.-Johannis-Druckerei, 77922 Lahr
Titel der amerikanischen Originalausgabe: Will God heal me?
© Copyright 1997 by Ron Dunn
Published by Multnomah Publishers, Inc.
204 W. Adams Avenue, P. O. Box 1720
Sisters, Oregon 97759 USA
Umschlaggestaltung: Dialog Werbeagentur, Waldbronn
Gesamtherstellung:
St.-Johannis-Druckerei, 77922 Lahr
Printed in Germany 13639/1999

Inhaltsverzeichnis

Danke

Jemand hat einmal gesagt, daß man ein Buch nie alleine schreibt. Nie war dieser Satz wahrer als bei diesem Buch. Und so danke ich von ganzem Herzen

– Meinen Lektoren Dan Benson und Les Stobbe, die wie immer dafür sorgten, daß mein Buch besser wurde.

– Dr. Ron Hardin aus Little Rock (Arkansas), der jede Seite, in der es um Medizinisches geht, durchlas und mir bis zur letzten Minute ein wertvoller Helfer war.

– Joanne Gardner, die seit dreißig Jahren meine Assistentin und ohne die keines meiner Bücher denkbar ist.

– Meinem Sohn Stephen M. Dunn, ohne dessen souveräne Beherrschung meines störrischen Computers ich mehr als einmal den Verstand verloren hätte. Ohne die vielen Stunden, die er in Tippen und Formatieren des Manuskriptes gesteckt hat, hätte ich es nicht geschafft.

– All den lieben Menschen, die mir so bereitwillig über ihre Krankheitsnot berichteten und so dieses Buch erst möglich machten.

– Meiner Frau Kathy, die nicht nur wacker getippt, sondern jede Seite mit kritisch-konstruktivem Auge gelesen hat. Ohne ihre Verbesserungsvorschläge wäre dieses Buch nicht so gut geworden. Das Gescheiteste, was ich je in meinem Leben gemacht habe, war, dieses Mädchen zu heiraten.

ERSTER TEIL

Krank sein ist nur eine andere Lebensweise, aber wenn wir unsere Krankheit durchlebt haben, sind wir andere Menschen geworden.

Arthur Frank, *At the Will of the Body*

Religion ist etwas für Menschen, die Angst vor der Hölle haben, Spiritualität ist etwas für Menschen, die schon dort gewesen sind.

Martha Manning, *Undercurrents*

Sing das Lied, das möglich ist,
denn vollkommen kann's nicht sein.
Alles hier hat seinen Riß
– und durch ihn strömt Licht herein.

KAPITEL 1

Ein neuer Gott

Irgendwann mußte es kommen.

Ich hatte es gewußt: Früher oder später war so etwas fällig. Da stand es schwarz auf weiß in der Zeitung: Das amerikanische Bundesgesundheitsamt hatte eine neue Druckschrift herausgegeben mit dem Titel *Nicht alles verursacht Krebs*. In den letzten Jahren, so vermeldete die Broschüre, war so viel über den Krebs und seine vielen Ursachen berichtet worden, daß unser Land allmählich krebsverrückt wurde. Es war Zeit für eine Korrektur: Nicht alles ist krebserregend.

Für mich kam diese Broschüre gerade rechtzeitig, denn ich war dabei gewesen, selber einen Krebs-Komplex zu bekommen. Erst vor ein paar Tagen hatte unten auf der Titelseite einer lokalen Tageszeitung diese Schlagzeile geprangt: »Studien warnen vor Krebs durch Shampoo« – eine beunruhigende Nachricht für jemanden wie mich, der sich gerne die Haare wäscht. In dem Artikel hieß es, daß bei Tierversuchen Mäuse, die sechs Monate lang mit Shampoo gefüttert worden waren, Krebs bekommen hatten. Nun ja, wer ein halbes Jahr lang Shampoo säuft, darf sich über die Folgen nicht wundern. Aber bei solchen Schlagzeilen ist es kein Wunder, wenn wir Angst haben, etwas anzufassen, zu riechen oder zu schlucken, das nicht zehn Unbedenklichkeitsbescheinigungen und ärztliche Gütesiegel hat.

In unserer Generation hat sich die Einstellung zur Gesundheit drastisch verändert. Wir sind viel kritischer geworden. Als ich ein Junge war, machte sich niemand groß

Gedanken über gesunde Ernährung. Gut war, was schmeckte. Spiegeleier, große Fleischportionen, Vollmilch, in reichlich Fett gekochtes Gemüse – Essen wie bei Muttern halt. Man joggte überhaupt nicht und rannte nur, wenn man es eilig hatte. »Aerobic« – unbekannt, kann man das essen? DDT war die Wunderwaffe gegen Insekten, Asbest der beste Feuerschutz. Jeder Mann, den ich kannte – plus ein paar Frauen von der Skandalsorte –, rauchte. Diätlimonade gab's nicht, Anschnallgurte gehörten ins Flugzeug.

Das war einmal. Der Bericht des amerikanischen Gesundheitsministers in den frühen 60er Jahren über die Gefahren des Rauchens war der Startschuß für ein gesundheitsbewußtes Amerika. Künstliche Süßstoffe erschienen in jeder Küche und jedem Restaurant, man fing an, jeden Bissen, den man aß, auf seinen Natriumgehalt zu prüfen. Heute erobert jede Woche ein anderes Diätbuch die Bestsellerlisten. Jeder dritte Erwachsene, so informieren uns die Gurus, macht zur Zeit eine Diät, jeder fünfte Aerobic. Kaum ein Stadtviertel, das nicht sein Fitneßcenter hat, und der Trimm-dich-Pfad gegenüber unserem Haus könnte allmählich ein paar Ampeln gebrauchen.

Wann habe ich das letzte Mal in Ruhe gegessen, ohne daß mir irgendein Gesundheitsapostel vorrechnete, wieviel Ungesundes ich auf dem Teller hatte? Wehe dem, der im trauten Freundeskreis seine Zunge nicht zu hüten weiß! Wie vor kurzem, als ich, leichtsinnig wie ich bin, die Bemerkung fallen ließ, daß ich meinen Cholesterin-Spiegel nicht kannte. Jähe Stille, aufgerissene Münder, ungläubig geweitete Augen. »Den kennst du nicht?« Mir war nach Sack und Asche zumute. Inzwischen kenne ich meinen Cholesterin-Spiegel; er ist in Ordnung.

Gesundheit ist zu einem ganzen Industriezweig geworden. Auf Plakatwänden und in Fernsehwerbespots buhlen in den USA Kliniken und Kurzentren um Kunden. »Reich an Ballaststoffen und fettarm« heißt die magische Formel in der Lebensmittelindustrie. Müsliflocken haben einen »ehrlichen, natürlichen« Geschmack, selbst das Bier macht weniger dick als früher. Vor ein paar Minuten stand ich vor dem Automaten in meinem Hotel, um eine Pakkung Kartoffelchips zu kaufen. Welche ich wohl genommen habe? Erraten, die »cholesterinfreien«, mit lauter »ungesättigten Fettsäuren«.

Die Kirchen haben – durchaus zu Recht – entdeckt, daß der Christ nicht nur eine Seele, sondern auch einen Körper hat. Große Swimming-pools, Fitneß-Wochenenden für die ganze Familie, »Jogging für Jesus«-Kurse und »Schlank für Jesus«-Diätseminare – es gibt nichts, was es nicht gibt. In dem Augenblick, wo ich diese Zeilen schreibe, läuft irgendwo eine christliche Aerobic-Stunde, komplett mit aufgepeppten christlichen Songs.

Bevor ich mich an diesem Morgen an meinen Schreibtisch setzte, habe ich mit meiner Frau fünf Kilometer gejoggt und zur Belohnung ein Glas frischgepreßten Orangensaft getrunken. Heute abend kommen die nächsten fünf Kilometer.

Wir leben heute länger und gesünder denn je in der neueren Geschichte. Im 2. Jahrhundert n. Chr., als das Römische Reich auf dem Gipfel seiner Macht stand, lag die durchschnittliche Lebenserwartung unter 25 Jahren. Nur vier von hundert Menschen wurden älter als 50 Jahre. Um die Bevölkerungszahl auch nur konstant zu halten, mußte jede Frau fünf Kinder zur Welt bringen.[1]

Dies ist alles schön und gut. Kein gescheiter Mensch ist gegen Gesundheit und Fitneß. Wir können Gott nicht ehren, wenn wir unseren Körper verachten, ist er doch der Tempel des Heiligen Geistes.

Aber diese Münze hat noch eine zweite Seite. Der Biologe Lewis Thomas macht eine überraschende Feststellung: Anstatt uns darüber zu freuen, wieviel besser es uns heute geht, fühlen wir uns jetzt erst so richtig krank und von Siechtum und Tod bedroht. »Wir entwickeln uns in rasantem Tempo zu einer Nation von Hypochondern, die sich halb zu Tode sorgen um ihre Gesundheit. ... Wir sind eine gesundheitsbesessene Nation geworden.«[2]

Kurz und gut: Es gibt einen neuen Gott in unserer Gesellschaft. Seine Anhänger verehren ihn von früh bis spät, sieben Tage in der Woche, manchmal allein, oft in kleinen oder größeren Gruppen. Ihre Gottesdienste finden drinnen und draußen statt, auf Straßen und in Grünanlagen, zu Hause und im Büro, bei Hitze und Frost. Sie nehmen ihre Frömmigkeit ernst. Das neue Goldene Kalb, um das sie tanzen, hat kultische Dimensionen und ist stärker als alle Unterschiede zwischen Konfessionen und Generationen, Rassen, Hautfarben und Glaubensbekenntnissen.

Sie sind leicht zu erkennen, die neuen Gläubigen. Die einen tragen teure, farblich abgestimmte Designer-Trainingsanzüge und die neuesten Joggingschuhe, die anderen begnügen sich mit alten Turnhosen, T-Shirts und verstaubten Tennisschuhen. Schnaufend und keuchend rennen sie durch die Straßen, in Sonne und Regen, und bringen ihrem Gott das Opfer ihres Schweißes und ihrer Diät dar. Er ist doppelköpfig, der neue Gott, ähnlich wie einst der babylonische Bel und Nebo; sein Name: Gesund und fit.

Doch was geschieht, wenn Krankheit uns aus diesem Treiben herausreißt, wenn das Leiden in unseren Alltag einbricht? Und es bricht ja immer plötzlich ein; es überfällt uns, springt uns an, wirft uns um.

Mit das erste Gefühl, das dann in uns hochkommt, ist Angst. Nicht nur Angst vor der Krankheit als solcher, sondern Angst davor, was sie für unsere Zukunft, unsere Pläne bedeuten wird. Was wird sie mit mir machen, die Krankheit? Und wie werden meine Mitmenschen auf sie reagieren?

Und sie kommen, die Fragen: Gibt es Hoffnung? Heilung? Wird Gott eingreifen und mich wieder gesund machen? Oder muß ich »damit leben« – oder gar sterben? Es sind Fragen, die ich selber kenne – und Sie vielleicht auch. Vielleicht stehen Sie gerade jetzt vor ihnen. Wenn wir in den folgenden Kapiteln nach Antworten auf diese Fragen suchen, vergessen wir nicht diese herrlichen Hoffnungsworte des Apostels Paulus: »Dem aber, der überschwenglich tun kann über alles hinaus, was wir bitten oder verstehen, nach der Kraft, die in uns wirkt, dem sei Ehre ...« (Epheser 3,20-21)

KAPITEL 2

Fragen

*Er erklärte mir mit großem Nachdruck, daß jede Frage
eine Macht besaß, die nicht in der Antwort lag.*
Elie Wiesel, *Nacht*

»Heilt Gott heute?«

Die Frage ist so sicher wie unsere nächsten Kopfschmerzen. Und noch drängender ist die Frage: »Wird Gott *mich* heilen?«

Es ist einfach, über das Leiden zu philosophieren, wenn es einem gutgeht. Das ändert sich, wenn man selber zum Opfer wird. Dann kommen einem die Antworten nicht mehr so einfach und die Erklärungen schon gar nicht.

Im Vorwort zu seinem Buch *Über den Schmerz* spricht C. S. Lewis prophetische Worte, wenn er schreibt: »Ich muß noch hinzufügen, daß dies Buch einzig von dem Problem spricht, das der Schmerz für das Denken darstellt. So närrisch bin ich nie gewesen, daß ich mich der weit größeren Aufgabe gewachsen gefühlt hätte, Tapferkeit und Geduld zu lehren. In dieser Hinsicht habe ich meinen Lesern nichts zu bieten – es sei denn meine Überzeugung, daß, wenn es heißt, Schmerzen zu ertragen, ein bißchen Unerschrockenheit mehr hilft als eine Menge Wissen und ein wenig menschliches Mitgefühl mehr als viel Unerschrockenheit und der leiseste Hauch von Gottesliebe mehr als alles sonst.«[1]

Über den Schmerz ist eines der besten Bücher, die je über dieses Thema geschrieben wurden, aber als zwanzig Jahre später Lewis' Frau ihrem Krebsleiden erlag, ver-

11

mochte er in dem, was er selber geschrieben hatte, keinen Trost zu finden. Doch, es war nach wie vor wahr – aber es fiel ihm schwerer, dazu zu stehen.

Als die Tochter eines Amtskollegen von mir plötzlich an einer seltenen Krankheit starb, fragte ihn jemand, ob er nach wie vor an Römer 8,28 glaube – daß Gottes Kindern alle Dinge zum Besten dienen müssen. Seine Antwort: »Ja, ich glaube das nach wie vor – aber im Augenblick möchte ich lieber nicht darüber predigen müssen.«

Wenn es unter den Schlägen des Lebens scheint, als ob wir keinen Glauben mehr haben, ist das Problem nicht unser Glaube an sich, sondern unsere Unfähigkeit, ihn in unseren dunklen Stunden zu proklamieren. Wie der Vater des besessenen Jungen schreien wir: »Gott, ich glaube, hilf meinem Unglauben!« Unbewältigtes Leiden erzeugt in uns eine Müdigkeit, die, wie Kornelis Miskotte schreibt, »nicht nur eine Erscheinung der Ermattung des kreatürlichen Lebens« ist, »sondern auch des Nachlassens der Glaubenskräfte zur Bejahung des Lebens«.[2]

Wer krank ist, tut manchmal seltsame Dinge. Der Schauspieler Steve McQueen reiste nach Mexiko, um sich einer Pfirsichkern-Therapie zu unterziehen. Der von einer seltenen Krebserkrankung heimgesuchte Komiker Andy Kaufmann flog auf die Philippinen, um sich von einem Wunderheiler helfen zu lassen.

Wir tun alles, um Schmerz und Leiden loszuwerden. Wir sitzen vor dem Fernseher und schalten auf eine »Heilungssendung« um; wir legen unsere Hände auf den Bildschirm, wenn der Prediger sein Heilungsgebet spricht, oder lassen uns gar ein Heilungstaschentuch kommen. Für nichts sind wir uns zu gut. Der große Lügner sagte die Wahrheit, als er behauptete: »Haut für Haut! Alles, was der Mensch hat, gibt er für sein Leben« (Hiob 2,4 Elberfelder).

Ich bin kein Belastungszeuge in dem Prozeß um göttliche Heilung. Dieses Buch ist das Ergebnis meiner ganz persönlichen Suche – einer Suche, die begann, als meine Familie plötzlich den großen Zusammenstoß mit Krankheit, Leiden und Tod erlebte.

»Haut für Haut!« sagte der Teufel. Und es war *meine* Haut und die meiner Familie; mein Motiv war zuallererst egoistisch. Trotz all meiner Gebete und der konzentrierten Fürbitte meiner Gemeinde starb meine Mutter mit nur 60 Jahren (jedes Jahr kommt man sich ja mit 60 jünger vor) an Krebs. Trotz all meiner Gebete plus der meiner Frau, meiner Gemeinde und Hunderter Freunde im ganzen Land wurde unser Sohn nicht von seiner manischen Depression geheilt; er beging mit 18 Jahren Selbstmord. Mein Vater starb mit 62 Jahren an Krebs, wieder trotz vieler Gebete und Heilungsglaubens. In den frühen 80er Jahren hatte ich mit diversen Beschwerden zu kämpfen. Von 1976 bis 1986 litt ich an schweren Depressionen, die erst weggingen, als ich einen Psychiater konsultierte.

Gleichzeitig, wohlgemerkt, schrieb ich an einem Buch über die Macht des Gebets und predigte in der halben Welt über das siegreiche Christenleben. Mein Leben wurde ein Wörterbuch der Ungereimtheiten.

Jemand sagte mir: »Du hast nicht genug Glauben, um geheilt zu werden.« Aber das war nicht mein Problem; mein Problem war, daß ich nicht genug Glauben hatte, um krank zu bleiben, wenn das denn Gottes Weg für mich sein sollte. Viele Mitchristen sagten mir, daß ich ein göttliches Recht auf Heilung hatte, daß meine Lieben und ich völlig unnötig litten oder daß wir wohl unter einem Fluch stehen mußten, den irgendeine Sünde meines Vaters oder Großvaters über uns gebracht hatte.

Hatte ich da wirklich etwas übersehen? Wenn ja, was? Ich bildete mir ein, zu wissen, was die Bibel über das

Leiden sagte, aber wenn das Leiden dann da ist, bringt es einen auf die seltsamsten Ideen.

Ich erinnere mich, wie ich einmal versuchte, einen Strauch in unserem Garten auszureißen, um Platz für ein neues Blumenbeet zu bekommen. Es war ein kleiner, nicht besonders hübscher Strauch, der den Ringelblumen im Wege stand. Der Boden war weich; diesen Strauch würde ich im Handumdrehen schaffen. Ich packte ihn mit beiden Händen unten an und zog.

Als ich wieder stehen konnte und der Schmerz in meinem Rücken nachgelassen hatte, zählte ich bis zehn, holte tief Luft, grub die Füße in den Rasen, bückte mich und zog wie noch nie in meinem Leben. Ich wiederholte die Übung mehrere Male, bis mein widerspenstiger Gegner endlich kapitulierte. Na also, kommst du endlich . . . Und mit ihm kam ein jähes Spinnennetz aus Erde und Dreck, das in alle Richtungen schoß, als ob unter dem Rasen das Goldfieber unter den Maulwürfen ausgebrochen wäre. Ich riß nicht einen kleinen Strauch heraus, ich pflügte den halben Garten um.

So ähnlich ging es mir auch, als ich an dem Strauch der Heilung riß. Ich spürte: Da war nicht nur die Frage der Heilung als solcher, da war mehr. Die eigentliche Frage lag jenseits der körperlichen Heilung, und ich konnte nicht die richtige Antwort erwarten, wenn ich nicht zuerst die richtige Frage stellte. Ich erkannte: Ob Gott meinen Körper heilte – das war gewissermaßen nur die äußere Schale des Problems. Viele Christen sehen in der Frage der Krankenheilung das große Mysterium, aber genau das ist sie nicht. Sie ist nicht die Frage aller Fragen und auch nicht der Segen aller Segen.

Mein Freund Manley Beasley hatte das begriffen. Zwanzig Jahre lang rang er mit mehreren unheilbaren Krankheiten, und dieses Leiden machte ihn zu einem der größten Glaubensmänner, die ich je kennengelernt habe. Als eine Frau sich anbot, für seine Heilung zu beten, sagte er: »Madam, über so was bin ich längst hinweg.«

Der Einstieg ins Loch der Verzweiflung heißt ja nicht nur Kreislaufstörung oder Krebs. Eine zerbrochene Beziehung kann mehr schmerzen als ein gebrochener Knochen. In so manchem voll fitten Körper wohnt eine todkranke Seele. Jeden Tag springt irgendwo ein Kerngesunder aus dem Fenster.

Nein, die Frage ist nicht einfach: »Wird Gott meine Krankheit heilen?« Sie lautet: »Wird Gott mein Leiden heilen?«, wobei Leiden alles ist, was mein Leben und meine Lebensfreude, wie Gott sie für mich gedacht hat, bedroht. Es geht um mehr als mein krummes Bein, das Gott gerade machen soll; es geht darum, ob er meinen Glauben tiefer macht.

Wird Gott mich von meiner Einsamkeit heilen, von meinem Zweifel, von dem Schmerz ganz tief drinnen? Von dem ständigen Mich-Sorgen um meine Kinder? Von der Angst, wenn mitten in der Nacht das Telefon klingelt? Macht Gott verletzte Herzen und amputierte Hoffnungen wieder gesund? Gibt es Heilung von der sinnlosen Qual des Alltagslebens, von den Krankheiten der Seele und nicht nur des Körpers? Gibt es diesseits des Himmels Zuflucht und Schutz vor den grausamen Überfällen des Lebens?

Man reiße noch etwas fester an dem Strauch, und der nächste Wurzelstrang bricht durch das Gras: An Gott glauben kann eine Last sein. Der Gläubige hat Probleme, die andere nicht haben. Da glaubt er an einen allmächtigen Gott, der Kranke heilen, Tote erwecken, den Teufel vernichten und die Welt in Ordnung bringen kann, und prompt steht er vor der Frage: Wenn er es kann, warum tut er es dann nicht? Warum macht Gott nicht eins, zwei, drei alles wieder gut? (Wenn ich an seiner Stelle wäre, ich würde es tun.)

»Gottes Wege sind anders«, erklären wir fromm. Aber warum sind sie anders? Er ist doch Gott, er kann jeden Weg gehen, den er will. Warum bringt sein Weg mir oft solches Leiden? Ich glaube, wir werden die Antwort so lange nicht finden – und die Frage so lange weiter stellen –, bis

> am Himmel hell die Sonne steigt,
> im Jubellied das Klagen schweigt.

Es ist eine höchst ernüchternde Erfahrung, daß wir nach Tausenden von Jahren immer noch die gleichen Fragen stellen wie einst Hiob, gerade so, als seien wir die ersten, die vor diesem Geheimnis stehen. Und wir sind den Antworten keinen Deut näher. Vielleicht gibt es sie gar nicht, die Antworten, aber wir hören nicht auf, die Fragen zu stellen. Jede Generation muß sie neu stellen. Jede Generation – auch Sie und ich.

Solange Gott das Zeitalter, in dem wir leben, noch nicht ausgeläutet hat, werden wir mit Krankheit, Leiden und Tod konfrontiert, und das Thema dieses Buches bleibt hoch aktuell. Es ist mein Gebet, daß Gott dieses Buch benutzen möge, um die durch falsche Lehren zu diesem Thema geschlagenen Wunden zu heilen und so aus dem Feind des Leidens den Diener der Heiligung zu machen.

Wird Gott mich heilen? Dies ist eine Frage, und Fragen heißt Suchen. Dieses Buch ist meine persönliche Suche nach der Antwort, und ich lade Sie ein, sich mit mir auf die Reise zu begeben.

Was Sie erwartet

In Teil 1 möchte ich darüber sprechen, wie das Leiden uns als Christen trifft und was wir zu erwarten haben, wenn wir krank werden. Ich möchte über das Stigma reden, das den Leidenden oft erwartet, über die Fallgruben und Scharlatane, mit denen der Kranke rechnen muß, nicht zuletzt auch darüber, woher der heutige Gesundheits- und Fitneßkult kommt.

In Teil 2 werde ich Ihnen einige Prinzipien zeigen, anhand deren Sie sich selbst ein Bild davon machen können, was die Bibel wirklich über Heilung sagt. Es waren vor allem diese Leitlinien, die mir durch den Dschungel der verschiedenen Lehren und Irrlehren hindurchhalfen, als Krankheit, Leid und Tod in mein Leben hereinbrachen. Sie gaben mir Frieden und Trost in dunklen Stunden.

In Teil 3 schließlich möchte ich speziell über den Körper des Gläubigen sprechen und untersuchen, wie wir als Christen auf Krankheit reagieren und um Heilung beten sollten.

KAPITEL 3

Die dunkle Seite des Lebens

Krankheit ist die Nachtseite des Lebens, eine beschwerlichere Bürgerschaft.
Susan Sontag, *Krankheit als Metapher*

Sie war 35, eine schöne Mutter zweier Kinder, mit tiefrotbraunem Haar und leicht sommersprossiger irischer Haut. Sie verbrachte viele Stunden in der heißen Sonne ihres kleinen Blumen- und Gemüsegartens. Die Sonne forderte ihren Tribut von ihrer hellen Haut, und auf ihrer linken Wange, nahe bei der Nase, erschien ein merkwürdiger roter Fleck. Sie hielt nicht viel von Ärzten, aber schließlich ließ sie das rote Ding untersuchen. »Das ist ein Hautkrebs«, sagte der Arzt. Man schrieb das Jahr 1953, und die Krebstherapien waren viel gröber als heute. »Ich überweise Sie ins Krankenhaus in Oklahoma City«, fuhr der Arzt fort. »Dort kriegen Sie ein Radiumpflaster auf den Krebs, und dann sehen wir weiter.«

Eine Woche bevor meine Mutter nach Oklahoma City fuhr, bat sie mich, ein paar Fotos von ihr zu machen. Ich war damals 15, hatte nur eine billige kleine Kamera und staunte nicht schlecht über Mutters Wunsch. Mein Staunen wuchs, als sie aus ihrem Schlafzimmer kam, wie zu einem Staatsempfang gekleidet. Sie hatte sich frisch geschminkt und gekämmt und trug eine schöne weiße Bluse und einen schwarzen Seidenrock. Ich verknipste einen ganzen Film: Mutter vor dem Kamin, Mutter in einem Sessel, Mutter auf dem Sofa – ein Bild nach dem anderen, und nie sahen ihre Augen direkt in die Kamera, sondern stets weit in eine unsichtbare Ferne.

Als wir fertig waren, fragte ich sie, warum sie diese Bilder wollte. Sie antwortete, daß sie Angst vor der Krebsbehandlung hatte und festhalten wollte, wie sie vor ihr ausgesehen hatte.

Ich habe sie heute noch, diese Bilder, und sie erinnern mich daran, wie ich das erste Mal einen Menschen sah, der Angst hatte, durch Krankheit seine Identität ruiniert zu bekommen.

Denn Kranksein – das ist der große Störenfried des Lebens. Plötzlich und ohne anzuklopfen tritt er ein, hält jäh unsere Pläne an, wischt alle Sicherheiten hinweg, verdunkelt unsere Zukunft. Die Hand der Krankheit legt sich auf alles in unserem Leben, sie stiehlt gleichsam Teile unseres Ichs, daß wir erschrocken fragen: »Wer bin ich denn wirklich?« Arthur Kleinman sagt: »Die Treue unseres Körpers ist uns so selbstverständlich, daß wir nie über sie nachdenken; sie ist das sichere Fundament unseres ganzen Alltags. Chronische Krankheit – das ist Verrat. Wir fühlen uns wie Belagerte: mißtrauisch, im Stich gelassen, verloren. Das Leben wird zu einer Verarbeitung der Gefühle, die unmittelbar aus diesem Verrat des Körpers folgen: Verwirrung, Schock, Wut, Neid, Verzweiflung.«[1]

Die folgenden Zeugnisse mögen uns helfen, Krankheit und ihre Beziehung zu unserem Glauben an Gott in der richtigen Perspektive zu sehen.

Julies Geschichte

Julie ist die Schwester meiner Frau, verheiratet und Mutter dreier Kinder, eine hocherfolgreiche Geschäftsfrau und eine der feinsten Christinnen, die mir je begegnet sind. 1986 stellte man bei ihr Zöliakie fest, eine chronische Darmkrankheit mit mangelhafter Absorption der Nährstoffe. Sie entsteht dadurch, daß Gluten die Zellen der Dünndarmschleimhaut zerstört, und eine Heilung ist nur über eine total glutenfreie Diät möglich. Aber fast alles, was gut schmeckt, enthält Gluten. Bis zur korrekten Diagnose der Zöliakie vergehen im Durchschnitt fast 14 Jahre. Julie hatte Glück und bekam ihre Diagnose binnen eines halben Jahres; trotzdem verlor sie über 25 Pfund Gewicht, bis die Ärzte wußten, woran sie waren. Wenn die Krankheit ihren Lauf nimmt, führt sie schließlich zu einer Aufweichung des Knochengewebes und anderen nährstoffmangelbedingten Problemen.

Julie berichtet: »Die Ärzte untersuchten mich monatelang, und die ganze Zeit ging es mir immer schlechter. Die Ungewißheit war furchtbar. Ich dachte immer an Krebs, aber vor allem war alles so unwirklich – die täglichen Arztbesuche und Tests und das ständige Abnehmen. Ich fühlte mich, als ob ich auf einem Fließband lag und nicht abspringen konnte.

Es war ein ganz scheußliches Einsamkeitsgefühl. Man fängt an, an den Tod zu denken, und um einen herum sind die kalten Wände von Arztpraxen und Krankenhausfluren – all dieses Unpersönliche, Sterile, hundert kleine Demütigungen, immer wieder sitzen und warten und sich wie eine Nummer fühlen. Am liebsten möchte man laut schreien: ›Merkt ihr denn nicht, wie wichtig das hier ist? Es geht um mein Leben!‹ Aber man schreit natürlich nicht, man bleibt schön still, allein mit sich und mit seinen Gedanken – und, ja, mit Gott. Die eigene Welt stoppt gleichsam, aber die Welten der anderen laufen weiter. Das heißt, eigentlich läuft auch meine Welt weiter; nur ich selber, ich stehe still.

Als ich dann endlich meine Diagnose bekam, war ich so

froh, eine Krankheit zu haben, mit der ich leben kann und nicht zu sterben brauche, daß ich sie nie als schwere Last betrachtet habe, bloß als Unannehmlichkeit. Es ist eine Krankheit, für die ich dankbar sein kann!«

1991 ging Julie wegen eines Leberflecks, der sich verändert hatte, zum Hautarzt. Der Arzt untersuchte sie und ging dann in ein Nebenzimmer. Während sie auf ihn wartete, hörte sie, wie er sagte: »Machen wir das Melanom zuerst.« Im nächsten Augenblick kam er zurück. Julie sagte: »Ist es also ein Melanom, Herr Doktor?«

Julie weiter: »Ich hatte früher für einen plastischen Chirurgen gearbeitet, der unter anderem Nachoperationen bei Melanom-Patienten vornahm; bei den meisten stand inzwischen in der Kartei ›Verstorben‹. Ich sagte dem Hautarzt, daß ich keine Biopsie wünschte; er sollte nicht in den Leberfleck hineinschneiden, sondern ihn gleich mit großem Rand komplett entfernen. Dagegen hatte er nichts, und der Labortest ergab, daß der Leberfleck ein bösartiges Melanom gewesen war. Als ich zu dem Chirurgen ging, der die Nachoperation vornehmen sollte, sagte der, daß keine Nachoperation nötig sei und daß er noch keinen Hautarzt erlebt habe, der so operiert hatte wie meiner. Ich erklärte ihm, daß ich selber darauf bestanden hatte, daß er den Fleck so weit ins gesunde Gewebe hinein entfernte. Daß ich von meinem früheren Arbeitgeber her mit solchen Operationen vertraut war, hatte mir geholfen.

Wieder erlebte ich diese Angst und Einsamkeit. Ich glaube, ich kann das Wort ›Einsamkeit‹ nicht genug betonen. Bei jedem Gespräch hoffte ich, daß es tiefschürfend sein und über den Tod gehen würde, aber das Thema kam natürlich nie zur Sprache. Es blieb alles platt und glatt, und ich konnte meine Todes- und Einsamkeitsgedanken nicht aussprechen. Eine Stunde nachdem das Wort ›Melanom‹ gefallen war, war ich schon wieder bei meiner Arbeit. Ich tat sie wie ein Roboter, die ganze Zeit darüber grübelnd, ob das Melanom schon gestreut hatte. Ich glaube, man ist oft wie ein Roboter in solchen Situationen.

Ich merkte, wie unwichtig ich eigentlich war, wie begrenzt, wie total ausgeliefert. Ich begriff, daß ich wirklich nur noch in Gottes Hand war – und in der des Arztes. Ich hatte furchtbare Angst vor dem Unbekannten. Just in den Stunden, wo ich vor der realen Möglichkeit stand, eine bloße ›Erinnerung‹ zu werden, war ich am wenigsten in der Lage, gute Erinnerungen zu hinterlassen.

Ich habe in meinen Krankheiten nie gedacht: ›Warum passiert das ausgerechnet mir?‹ Ich habe immer gedacht, daß ich es im Leben zu leicht gehabt und nicht solch schwierige Prüfungen durchzumachen gehabt habe wie so viele andere, und so sage ich mir eher: ›Warum nicht auch mal ich?‹ Andere haben viel Schlimmeres durchgemacht, und so mache ich nicht leicht in Selbstmitleid. Und wenn dann die Erlösung kam, war ich ganz demütig vor Dankbarkeit, und dann habe ich mich wirklich gefragt: ›Warum ich? Warum darf ich weiterleben?‹«

Gregs und Michelles Geschichte

Greg und Michelle heirateten am 28. Juli 1995. Der 31 Jahre alte Greg war Anästhesist in einem nahegelegenen Krankenhaus und seine 25jährige Braut Sekretärin bei einem der Pastoren ihrer Kirchengemeinde. So manche Stunde saßen die beiden Kaffee trinkend zusammen und sprachen über ihre Pläne für die Zukunft. Michelles großer Traum war, eine Ehefrau und Mutter zu werden; Greg wollte ein Haus bauen.

Anfang Oktober, zehn Wochen nach der Hochzeit, bekam Greg einen Stirnhöhlenkatarrh, aber so merkwürdig wie dieser war noch keiner bei ihm gewesen. Der Schmerz schien knapp über der Stirn zu liegen und wurde mit jedem Tag heftiger. Er begann zu pochen und wanderte nach links, zwei Daumenbreit über der Schläfe. Greg hatte keinen Appetit mehr und konnte sich nicht mehr konzentrieren. Als er am Morgen des 16. Oktober mit dem gleichen stechenden Pochen aufwachte, bekam er Angst.

Nach viel gutem Zureden von Michelle ging Greg ins Krankenhaus. Eine Computertomographie bestätigte, was der Mediziner in Greg bereits befürchtet hatte: ein Gehirntumor. Ganze elf Wochen nach Gregs Hochzeit befand sich in der vorderen linken Gehirn-Hemisphäre eine vier Zentimeter starke Geschwulst. Der Neurochirurg murmelte etwas von möglicher Bösartigkeit.

»Meine medizinischen Befürchtungen hatten sich bestätigt«, berichtet Greg. »Doch dann erfüllte Gott mein Herz und meine Seele mit seinem Frieden. Er erinnerte mich daran, daß ich ihn doch gebeten hatte, mich zu einem Licht für meine Kollegen zu machen. Denn zu meinen Kollegen würde ich für die nächsten neun Tage als Patient kommen; ich würde in ›meinem‹ Krankenhaus operiert werden.

Der Eingriff fand am 16. Oktober statt. Der Herr machte mir klar, daß jede Handbewegung des Chirurgen unter seiner Leitung stehen würde. Meine einzige Sorge war, daß ich es schaffen würde, ein Licht in der Dunkelheit zu sein.«

Michelle ergänzt: »Während Greg sich bemühte, ein Licht in der Dunkelheit zu sein, mußte ich an alle Eventualitäten denken... Hoffentlich war der Tumor gutartig. Aber auch ich verspürte einen tiefen Frieden, wie nur Gott ihn geben kann. Ich sollte noch oft Gottes Kraft und Trost so erfahren.«

Die Operation kam, dann das Warten auf der Intensivstation. Nach fünf Stunden kam der Chirurg herein und begrüßte Michelle mit den Worten: »Wir haben den Tumor entfernt, aber Ihr Mann hat unheilbar Krebs – ein Gliom vierten Grades. Wenn kein Wunder geschieht, wird Ihr Mann sterben.«

Gregs Bruder fragte: »Wie lange?«

»Zwölf Monate.«

»Ich war wie gelähmt«, erzählt Michelle. »Ich werde das nie vergessen, dieses Gefühl, als ob jemand mich auf einmal leergesaugt hätte. Träumte ich das alles vielleicht nur, würde ich gleich schweißgebadet aufwachen? Ich verließ den Raum wie eine Schlafwandlerin und teilte meinen Lieben und den Freunden, die besorgt draußen saßen und warteten, mit, was der Arzt gesagt hatte. Dann kamen sie, die Gefühle, eine Welle nach der anderen: Wut, Verzweiflung, Verwirrung, Hoffnungslosigkeit und Angst, Angst, Angst.

Greg hatte mir das Versprechen abgenommen, ihm die Wahrheit zu sagen, und als ich an sein Bett trat, gab Gott mir Kraft. Ich küßte ihn sanft auf das Gesicht und sagte ihm, vor was wir da standen. Seine Antwort war ein Händedruck und ›Gott weiß darum‹. Und das war der Anfang unserer Reise mit Gott durch das dunkle Krebs-Tal.

Diese Nacht war die finsterste meines ganzen Lebens. Würde ich mit 25 Jahren Witwe werden? Ich war doch gerade erst verheiratet. Wie war das möglich? Ein eigenes Heim, Kinder, Familienurlaub, unser erster Hochzeitstag – lauter zerborstene Träume! Das Pferd meines Lebens ging durch, und ich konnte es weder zügeln noch abspringen. Ich war völlig verzweifelt, als ich am Dienstag morgen aufwachte. Es war absolut unerträglich – aber es war kein Traum, es war Realität. Aber Gott nahm mich an diesem Morgen in seine Arme und flüsterte mir zwei Sätze ins Gedächtnis zurück: ›Sorget nicht‹ und ›Sei getrost und unverzagt‹.

Sie war eine Strapaze, diese Woche – körperlich, seelisch und geistlich. Die Leute meinen es ja gut, wenn sie einen besuchen oder anrufen, aber oft sagen sie so dumme, schreckliche Dinge. Während Greg im Bett lag und seine Medikamente bekam, kämpfte ich mit der Lawine, die da auf mich zukam. Ich schrieb mir eine Fragenliste für die Ärzte auf sowie eine Liste der geschäftlichen Dinge, die ich regeln mußte; ich mußte die Bezugsberechtigung für Gregs Lebensversicherung bekommen, und auf Gregs Grundbucheinträgen mußte mein Name noch nachgetragen werden. Ich wusch Greg, las ihm stundenlang aus der Bibel vor, um ihn und mich innerlich zu stärken, und in jedem stillen freien Augenblick weinte ich.

Wir konnten seine Entlassung nach Hause kaum erwarten. Endlich weg sein aus diesem Krankenhaus ... Aber als wir dann wieder zu Hause waren, war nichts mehr so wie früher. Wir waren nicht mehr zwei Jungverheiratete mit einem schier unbegrenzten Budget an Hoffnungen, Träumen und Zeit, sondern zwei gebeutelte Menschen, die fieberhaft nach einem Sinn suchten. Wir träumten nicht mehr von einem schönen großen Haus, sondern bettelten um eine Zukunft, um Gregs Leben, um ein Wunder.

Zwei Wochen später begann Gregs Bestrahlungs- und Chemotherapie, und wieder wurde das Leben anders. Greg schlug sich wacker, aber das Haar fiel ihm büschelweise aus (zum Glück war er mit Glatze immer noch schön), sein Appetit war völlig durcheinander, und er war ständig müde. Unser Liebesleben, in dem wir ja noch Neulinge waren, war plötzlich seelische Schwerarbeit; bald brachten wir nicht mehr fertig, als uns weinend in den Armen zu liegen. Sie war vorbei, die Zeit des Frischvermähltseins, und was noch vor uns lag – wir wußten es nicht.

Die Wochen vergingen, und Gott half uns immer wieder durch – durch sein Wort, durch Karten von Mitchristen, mutmachende Worte von Freunden, stille Umarmungen durch Verwandte, Verse auf Kalenderblättern, ja sogar durch jeden neuen Sonnenaufgang, der uns daran erinnerte, daß Gott ja da war und uns liebte und in all unserer Angstfinsternis bei uns war.

Was haben wir uns verändert! Unsere eheliche Beziehung ist so tief und innig geworden wie bei anderen Menschen bei der goldenen Hochzeit noch nicht. Es vergeht kein Abend, wo wir nicht dankbar dafür sind, daß wir wieder einen ganzen Tag miteinander haben durften; gemeinsam alt werden – es ist uns nicht mehr selbstverständlich. Jeder Augenblick, den Gott auf seiner Erde schenkt, ist ein Segen. Die Zeit ist uns etwas so Wertvolles geworden, daß wir sie wie ein rohes Ei behandeln. Gott hat unsere zeitlichen Träume genommen und in ewige verwandelt. Wir haben den Herrn Jesus auf eine Art kennengelernt, wie es uns ohne den Krebs nie möglich gewesen wäre.

Wir verstehen nicht, warum Gott es zugelassen hat, daß Greg in so jungen Jahren einen tödlichen Gehirntumor bekommen hat, und vielleicht werden wir es nie verstehen. Aber durch diese Krankheit haben wir handgreiflich erfahren, daß ›seine Wege nicht unsere Wege sind‹ und daß Gott ›gütig und aufrichtig‹ ist. Macht es uns zu schaffen, daß Greg wahrscheinlich an seinem Krebs sterben wird? Ja. Wünschen wir uns, lieber ein ganz normales Paar zu sein? Ja, oft, besonders wenn wir hören, wie die Leute, die uns auf der Straße sehen, sich zuflüstern: »Das ist der mit dem Gehirntumor.« Die Menschen sehen uns mit anderen Augen an als früher. Hätten wir uns freiwillig für diesen

Weg gemeldet? Nie! Aber würden wir das, was wir auf ihm gelernt haben, missen wollen? Niemals! Und auch nicht die Freude und das Lachen, das wir erleben durften.

Noch wissen wir nicht, wohin der Weg uns führen wird. Und so gehen wir weiter, hoffen weiter und beten weiter: ›Herr, wirst du uns heilen?‹«

Ich glaube, so mancher von Ihnen findet sich wieder in diesen Geschichten – und kann es bestätigen, daß jede Krankheit Verlust und Gewinn bedeutet.

Verlust

Bei jeder Schlacht gibt es Verluste. Auch für den Sieger. Auch der Kampf mit der Krankheit, ob er nun gewonnen oder verloren wird, bringt seine Verluste mit sich, wie die obigen Zeugnisse uns gezeigt haben.

1. Kontrollverlust

Dies ist vielleicht der erste und stärkste Verlust, den der Patient verspürt. Plötzlich ist mein Körper nicht mehr mein gehorsamer Diener, sondern macht, was er will; ich kann ihn nicht mehr beherrschen. Es ist ähnlich wie Autofahren bei Glatteis: Plötzlich geht nichts mehr. Bremse, Lenkung – nichts gehorcht mehr, ich kann nur noch das Lenkrad festhalten und das Beste hoffen. Es ist ein scheußliches Gefühl. Urplötzlich ist aus dem Sicherheitsgefühl, das die Pedale und Hebel des Wagens mir gaben, eine Illusion geworden. Die Kontrolle über das Auto – die ja meistens funktioniert – ist mir entrissen, ich bin zum hilflosen Zuschauer geworden.

»Jeder ist seines Glückes Schmied«, heißt es, und wir schlucken diesen Spruch und verbringen Stunden, ja Jahre damit, unser Leben zu planen. Aber das Leben ist keine exakte Wissenschaft, und man kann es nicht schmieden, nur leben.

Doch die Gesellschaft verlangt von uns, daß wir unseres Körpers wieder Herr werden. Es darf nicht sein, daß wir in Situationen, die wir im Griff haben sollten, hilflos dastehen, es ist zu peinlich. Und peinlich nicht nur für uns selber, sondern auch für unsere Mitmenschen, die doch wohl ein Recht darauf haben, nicht mit dem Gespenst des außer Kontrolle geratenen Körpers konfrontiert zu werden. Und wenn wir die Herrschaft über den Körper nicht zurückbekommen können, dann müssen wir ihren Verlust so gut wie möglich vertuschen.

2. Identitätsverlust

Den Identitätsverlust illustriert Tolstoi in seiner Geschichte *Der Tod des Iwan Iljitsch*:

> Iwan Iljitsch sperrte die Tür ab und begann sich im Spiegel zu betrachten – von vorn wie auch von der Seite. Dann nahm er ein Porträt, das ihn mit seiner Frau zeigte, und verglich dieses Porträt mit dem, was er im Spiegel sah. Der Unterschied war gewaltig. Und schließlich entblößte er die Ärmel bis zum Ellbogen, musterte sie, schlug die Ärmel wieder zurück, setzte sich auf die Ottomane und wurde düsterer als die Nacht.[2]

Arthur Frank berichtet über seinen eigenen Kampf mit dem Krebs: »Ich hatte keine Angst vor dem, was ich werden würde, aber ich mußte das Ende dessen, was ich gewesen war, betrauern. Es war wie ein Abschiednehmen von einem Haus, in dem ich lange gewohnt und das ich liebgewonnen hatte.«[3] Genau dies war die Angst meiner Mutter gewesen, davor stand Iwan Iljitsch, und das machten Julie und Greg und Michelle durch. Auf einmal wird der Blick unserer Mitmenschen anders, sie behandeln uns anders. Freunde und Verwandte wirken gehemmt, wenn sie mit uns sprechen, haben Angst, etwas Falsches zu sagen. Sie fühlen sich unbehaglich in unserer Gegenwart, denn wir sind nicht mehr der, der wir einmal waren; wir sind der mit dem Krebs, der mit der Entstellung, der, der bald sterben muß. Wir sind sozusagen verschandelt.

Ich fragte einmal eine manisch-depressive Frau, warum sie ihre Medizin nicht mehr nehmen wollte. Sie antwortete: »Wie soll ich wissen, wo mein wirkliches Ich ist? Bin ich »ich«, wenn ich die Medizin schlucke oder wenn ich sie nicht mehr schlucke?«

Ein paar Worte aus dem Mund des Arztes, und ich verliere meine Identität, weiß nicht mehr, wer ich bin. Hier wird uns ein Seiltanzakt abverlangt: weder die Realität unserer Krankheit verdrängen noch zulassen, daß die Diagnose definiert, wer wir sind: »Das ist der Verkäufer mit dem Krebs«; »Sie ist eine wunderbare Mutter, aber sie hat Multiple Sklerose«. Für seine Frau und seine Freunde war Hiob nur noch der Kranke; die Menschen, die ihm am allernächsten standen, waren unfähig, tiefer zu blicken als auf seine Geschwüre und Narben. Er war keine Person mehr, sondern ein – medizinisches und religiöses – Untersuchungsobjekt.

Der Apostel Paulus hatte offenbar große gesundheitliche Probleme, aber er sprach selten über sie. Die Briefe an seine Gemeinden schreibt er als Apostel Jesu Christi – und nicht als der Apostel mit den kranken Augen.

3. Gewißheitsverlust

Ich habe als Kranker Gewißheit gegen bloße Möglichkeit eintauschen müssen. Für den chronisch Kranken wird alles, was er tut und läßt, von seiner Tagesform abhängig. Urlaub machen, arbeiten, ja morgens aufstehen – alles geht nur noch, insofern meine Gesundheit (oder besser:

Krankheit) es zuläßt. Meine sämtlichen Pläne unterliegen einem Generalvorbehalt, denn was mein Körper morgen tun wird – ich weiß es nicht. Schon so mancher Rentner hat mir erzählt, was für Pläne er für die Zeit nach der Pensionierung gemacht hatte – einer hatte sich ein Wohnmobil gekauft, mit dem er durch ganz Amerika fahren wollte –, nur um erleben zu müssen, daß eine schwere Erkrankung alles zunichte machte. Heute back' ich, morgen brau' ich? Nur noch vielleicht...

4. Verlust des Platzes in der Gesellschaft

In seinem Roman *Wittgensteins Neffe* schildert Thomas Bernhard die Gefühle des aus der Klinik entlassenen Kranken, der wieder in den Alltag zurückkehren will und statt dessen erleben muß, daß er aufgrund seiner Krankheit »nicht mehr dazugehört«. »So hat der zurückgekehrte Kranke immer das Gefühl, er dränge sich plötzlich in einen Bereich hinein, in welchem er nichts mehr zu suchen habe.«[4] Die Krankheit trifft oft nicht nur den Körper, sondern auch die zwischenmenschlichen Beziehungen. Der Kranke erlebt, wie manche Menschen ihm entgleiten – vor allem solche, die seine Krankheit nicht wahrhaben wollen –, und andererseits gehen erstaunlich viele Schwerkranke neue Freundschaften mit Leidensgenossen ein. Arthur Frank berichtet: »Während meines Krebses kam ich mir vor, als ob ich kein Recht hatte, unter Menschen zu sein. Sowenig ich das Krankenhaus mochte – dort gehörte ich wenigstens dazu.«[5]

Diese Verluste sind groß und sehr real und fordern ihren Tribut von dem Leidenden, aber in dem Maße, wie wir uns und unsere Situation ganz Gott ausliefern, können wir sie durch Christus, der uns alles ist, überwinden.

Gewinn

Die Chinesen glauben, daß man ein wildes Tier, das man zähmen will, zuerst schön machen muß. Es mag widersprüchlich klingen, aber bei all den Verlusten, die Krankheiten uns bringen, haben wir auch eine Gelegenheit zum Gewinn. Wir mögen die Verluste betrauern, aber wir sollten ihnen nicht erlauben, uns den Blick dafür zu rauben, was wir werden können. So sehr wir auch unser Schicksal verfluchen mögen, wir sollten auch unsere Chancen zählen.

1. Klarere Werte

Erinnern Sie sich an Julies Sehnsucht nach tiefen, sinnvollen Gesprächen? An ihr überwältigendes Bewußtsein ihrer Begrenztheit? Oder wie Greg und Michelle auf einmal jeden Augenblick, den sie zusammen waren, genossen und Gott für jeden neuen Tag dankten? Eines der Dinge, die mich in meinen Gesprächen mit Schwerkranken zutiefst beeindrucken, ist, daß sie oft sagen: »Ich möchte meine Krankheit nicht missen, sie hat mich so viel über mich und über Gott gelehrt.« Ich weiß nicht, ob jeder Kranke das so sieht; wenn nicht, verpaßt er eine der großen Segnungen des Lebens.

Wenige Dinge schärfen unseren inneren Blick so sehr wie die Diagnose, daß wir eine lebensbedrohende Krankheit haben. Meine vierzigjährige Pastorentätigkeit hat mir das gewaltige Vorrecht gegeben, sterbende Christen auf ihrem letzten Weg begleiten zu dürfen. Ich habe am Sterbebett vieler Geschäftsleute gesessen, und wissen Sie was? Keiner sagte mir je: »Herr Pastor, hätte ich mir doch nur mehr Zeit für die Firma genommen.« Nein, sie sagen: »Ach, Herr Pastor, ich wollte, ich hätte mir mehr Zeit für meine Familie genommen.« Ich weiß noch, wie meine Mutter mir nach ihrer Krebsdiagnose erzählte, wie schön die Blätter an den Bäumen ihr auf einmal vorkamen, wie grün das Gras, wie wuschelig die Wolken, wie herrlich der Gesang eines Vogels und wie kunstvoll die Blüte einer Rose. Oft erkennen wir erst angesichts einer lebensbedrohenden Krankheit, was die Dinge wirklich wert sind und daß wir den Großteil unserer Kraft ins Lumpensammeln gesteckt haben.

2. Erneuerung

Nicht jeder Kranke kann genesen, aber jeder kann innerlich neu werden. Die Krankheit gibt mir die Chance, mein bisheriges Leben und die Werte, die es beherrschten, kritisch zu überprüfen und aus dem alten Geleise auszubrechen in ein neues Leben. Ich stelle mir die Frage: »Ist das, wofür ich bisher gelebt habe, etwas, für das sich zu sterben lohnt?« Selbst der Krebspatient, der nur noch Monate zu leben hat, kann so ein neues Leben beginnen.

Erneuerung ist das Ergebnis einer neuen Gottesbegegnung. Ich entdecke sein Wort und seine Gnade neu, ich lerne Freundschaft und Gemeinschaft mehr schätzen.

3. Freiheit

Freiheit? Nun, hören wir erneut auf Arthur Frank: »Nach einem Jahr Krankheit wußte ich, daß der Kranke oder Gebrechliche, wenn es um ein erfüllendes Leben geht, viel freier sein kann als die Gesunden. . . . Die Kranken nehmen ihre Verwundbarkeit an, . . . und in dieser Annahme liegt ihre Freiheit.«[6]

Wenn ich gesund sein muß, um glücklich zu sein, dann bin ich ein Sklave der Launen des Lebens und meines Körpers. Für den Menschen, der in der Vorstellung aufgewachsen ist, daß Gesundheit und Wohlergehen die Norm und sein gutes Recht sind, ist der Zusammenstoß mit der Mauer der Realität äußerst schmerzhaft. Es braucht seine

Zeit, bis man sich von diesem Schock erholt hat, aber dann kommt man allmählich zur Besinnung und beginnt zu begreifen, daß ein erfülltes Leben auch ohne Gesundheit und Wohlergehen möglich ist.

Ich muß mir die Frage stellen: »Hängt mein Glück, meine Freude, mein Selbstwertgefühl davon ab, daß ich gesund bin?« Wir sind dann frei, wenn wir nicht mehr – so gerne wir es auch wären – gesund sein *müssen*, um glücklich und zufrieden zu sein.

4. Ein vertieftes Gottvertrauen

In 2. Korinther 1,3-11 macht Paulus eine bemerkenswerte Aussage. Er erwähnt eine große Not in seinem Leben. »Denn wir wollen euch, liebe Brüder, nicht verschweigen die Bedrängnis, die uns in der Provinz Asien widerfahren ist, *wo wir über die Maßen beschwert waren und über unsere Kraft, so daß wir auch am Leben verzagten* . . .« (Vers 8, Hervorhebung von mir). Er sagt uns nicht, was diese Not war, aber sie drückte ihn so zu Boden, daß er schon mit dem Leben abgeschlossen hatte: ». . . und es bei uns selbst für beschlossen hielten, wir müßten sterben« (V. 9). Paulus kam sich vor wie einer, der (so eine wörtlichere Übersetzung von V. 9) sein Todesurteil empfangen hatte. Er schrie zu Gott in seiner Not, und die einzige Antwort, die zu kommen schien, war: »Du mußt sterben.« Nein, nicht die einzige, denn er fährt fort: »*Das geschah aber, damit wir unser Vertrauen nicht auf uns selbst setzten, sondern auf Gott, der die Toten auferweckt*« (V. 9, Hervorhebung von mir).

»Damit wir unser Vertrauen nicht auf uns selbst setzten, sondern auf Gott . . .« – ist das nicht ein gewaltiges Geständnis? Paulus vertraute auf sich selbst, und Gott hatte ihn in seine Schule des Gottvertrauens genommen. Diese Worte wären weniger bemerkenswert, wenn sie von einem frischgebackenen Christen kämen, aber Paulus war kein Frischgebackener, sondern ein großer Apostel, der bereits einen Teil des Neuen Testaments verfaßt hatte und den Gott bis in den dritten Himmel entrückt und dem er unaussprechliche Dinge gezeigt hatte. Paulus hatte Krankenheilungen, ja Totenauferweckungen erlebt, und wir fragen uns unwillkürlich: Mußte dieser gestandene Gottesmann etwa immer noch Gottvertrauen lernen? War er darin nicht schon längst perfekt?

Ich glaube, wir haben es hier mit einem Dauerproblem des Paulus zu tun. Er war so klug, so begabt, so stark, es war so natürlich und naheliegend für ihn, sich auf seine eigenen Fähigkeiten zu verlassen und nicht auf Gott. Und wenn schon der große Paulus zuweilen Schwierigkeiten mit dem Gottvertrauen hatte, wieviel mehr dann wir. Und so mußte Gott ihn in seine Vertrauensschule nehmen – durch Leiden.

Genau dies ist das Leitthema der Zeugnisse in diesem Kapitel, ja in diesem ganzen Buch. Seien wir doch ehrlich: Die meisten von uns vertrauen erst dann auf Gott, wenn sie müssen. Solange wir noch eine Mark auf unserem Bankkonto, noch ein Lebenshilfebuch auf dem Bücherbord, noch ein Seminar auf unserem Terminplan, noch einen Trumpf in der Tasche haben, werden wir Gott nicht vertrauen. Gott loben, wenn es ihm gutgeht, kann jeder; aber was machen wir im finsteren Tal? Dieses Buch ist nicht zuletzt eine Entdeckungsreise in die Tiefen des Glaubens, der aus Krankheit, Leiden und Tod erwächst.

KAPITEL 4

Besser als Heilung

Für die, die ihn kannten, war das einzige Überraschende an Manley Beasleys Tod, daß er schließlich doch kam. »Von dir kann man sich schlecht verabschieden«, sagte ich ihm einmal. Mindestens viermal besuchten meine Frau Kaye und ich ihn im Krankenhaus, um uns von ihm zu verabschieden, nachdem man uns gesagt hatte, daß er den Tag nicht mehr überleben würde – und jedesmal ließ Gott ihn von seinem Sterbelager wieder aufstehen und gab ihm einen neuen, größeren Dienst.

Manley war großgewachsen und stattlich und ein Erweckungsprediger der alten Schule. 1970 erkrankte er an vaskulärer Kollagenose, einer Krankheit, die zu Sklerodermie, Lupus, Dermatomyositis und Polymyositis führt – sämtlich Krankheiten, die als lebensgefährlich gelten. Dazu kamen noch vier andere, weniger schlimme Krankheiten. Die Ärzte gaben ihm anfangs nur noch ein Jahr, aber Gott versprach ihm, daß er noch »die Kinder seiner Kinder sehen« würde. Worauf ich Manley sagte: »Wenn Gott mir so eine Verheißung geben würde, ich würde keines meiner Kinder heiraten lassen.« Jeder Tag brachte Manley Schmerzen, wie die meisten sie sich nicht vorstellen können, aber nicht ein einziges Mal habe ich gehört, wie er über seine Schmerzen oder die Krankheiten klagte.

Manley war mein bester Freund. Von ihm lernte ich mehr über den Glauben und das Leben mit Gott als von sonst einem Menschen, und sein Tod hinterließ ein großes Loch in meinem Leben. Etwa ein Jahr vor seinem Tod konnte ich mit ihm über all sein Krankheitsleid und die Rolle, die Gott dabei spielte, reden.

Dunn: Bei einem der ersten Male, wo ich dich hörte, hattest du gerade einen langen Krankenhausaufenthalt hinter dir, und deine ersten Worte waren: »Leute, Gott tut euch nichts Böses.« Ich hatte den Eindruck, daß Gott dich arg in der Mangel hatte und daß er mir selber ans Leben wollte. Was meintest du damals mit diesem Satz?

Beasley: Ich glaube, das ist wie beim Kinderkriegen; die Mutter muß viel Schmerzen ertragen, aber wenn sie dann das Baby in ihren Armen hält, ist der Schmerz vergessen. Wenn wir mitten im Leiden stecken, will es uns so scheinen, als ob Gott uns weh tut, ja uns töten will. Aber wenn das Leid dann hinter uns liegt und wir seine Frucht sehen, vergessen wir den Schmerz. Wenn ich auf mein Leiden zurückblicke, sehe ich, daß es alles sehr gut war – und es wird dann sehr gut, wenn ich meine Not Gott übergebe und ihn bitte, mir zu zeigen, was er mir durch sie zeigen will.

D: Ich frage dich das deswegen, weil die meisten von uns sich unter dem Ansturm des Leids so verzweifelt und verlassen fühlen, daß sie sich fragen, ob Gott überhaupt noch da ist.

B: Das ist absolut richtig. Aber es gibt ein paar Tatsachen über Gott, die wir auch im heißesten Kampf wissen dürfen. Ich weiß, daß Gott meine Situation kennt und unter Kontrolle hat und daß er sie zu seiner Ehre zuläßt und ihr nach seinem Willen eine Grenze setzt. Darum darf man auch im tiefsten Leid wissen – aber dieses Wissen bewahrt einen nicht automatisch davor, zu verzweifeln. Als ich das letzte Mal im Krankenhaus war, weinte ich manchmal, so schlimm waren die Schmerzen. Ich wußte manchmal nicht mehr aus noch ein, aber ich wußte: Gott war immer noch da. Das war Trost mitten im Kampf.

D: Mit anderen Worten: Es geht hier um etwas Tieferes als darum, ob man geheilt wird oder sterben muß.

B: Ja. Das ist eines der wichtigsten Dinge bei jedem Leiden: daß Gott letztlich etwas damit bezweckt. Und dieser Zweck ist, daß Gott uns erziehen und stärker machen und uns zu seiner Ehre durchbringen möchte. Paulus sagte, daß er Gott verherrlichen wollte, ob er nun lebte oder starb. Paulus hatte dieses Ziel Gottes begriffen. Das Leiden an sich ist eigentlich nur ein Werkzeug, mit dem Gott uns voranbringt, so, wie er Hiob voranbrachte. Hiob sagte: »Gott, ich hatte vom Hörensagen von dir gehört, aber jetzt, wo ich das alles durchgemacht habe, sehe ich dich mit meinen geistlichen Augen.« Durch das Leiden ließ Gott Hiob in seiner Gotteserkenntnis wachsen. Er gelangte vom bloßen Hörensagen zum eigenen Sehen.

D: Dein Krankheitsweg begann ja schon 1970, und bald kam ein Problem zum anderen, aber dieses letzte Jahr, so sagtest du, war das schwerste. Es ist leicht, gewisse Ansichten über Leiden und Schmerz zu haben, wenn man selber nie darin gesteckt hat, aber wir wissen, daß der Schmelztiegel des Leidens unseren Glauben und unser Beten verändern kann. Betest du heute anders als 1970?

B: Ich bete heute anders, weil ich um Gottes Ziel weiß. Früher fragte ich Gott: »Herr, was machst du da?« Heute stelle ich diese Frage nicht mehr, sondern sage einfach: »Herr, ich weiß, daß du etwas mit mir vorhast; hilf mir, mitzumachen dabei.« Es hat sich also schon etwas verändert bei mir, allerdings nicht meine Ansichten über Gott und das Heilen. Ich reagiere einfach anders heute. Das erste Mal kämpfte ich mit dem Tod; heute kämpfe ich körperlich immer noch mit dem Tod – aber nicht mehr innerlich. Die meisten Menschen stehen dem Tod erst buchstäblich in ihrer letzten Stunde gegenüber; ich stehe ihm seit fast zwanzig Jahren täglich gegenüber. Eigentlich müßte ich schon längst mausetot sein – wenn Gottes Hand nicht wäre, die mich am Leben erhält.

D: Wir sind uns also einig, daß es im Tiefsten um Gottes Verherrlichung geht. Glaubst du, daß Gott dadurch, daß er dich nicht geheilt hat, mehr verherrlicht wird, als wenn er dich augenblicklich und total gesund gemacht hätte?

B: Das ist eine gute Frage. Eines Tages sprach der Herr zu mir. Er sagte: »Ich kann dich heilen, wenn du willst, und ich kann dich in deiner Krankheit belassen, und dann wirst du mich jeden Tag aufs neue brauchen, um weiterleben zu können.« Damals habe ich mich bewußt dafür entschieden, Gott jeden Tag neu zu vertrauen; ich hatte den Eindruck, daß ein Heilungswunder ein Teil meiner Biographie werden würde, eine schöne Erinnerung, die immer mehr verblassen würde, während Gott dann, wenn ich ihn jeden Tag neu brauchte, mir sozusagen frisch und greifbar bleiben würde. Ich habe es zu oft erlebt, wie jemand durch ein Wunder geheilt wurde und zehn Jahre später ein Kind des Teufels war wie eh und je. Ich habe jetzt schon zwanzig Jahre hinter mir und muß mich jeden Tag neu in Gottes Hand geben, um leben zu können.

D: Mit anderen Worten: Du hältst nicht nur Predigten, du bist selber die Predigt. Wie Jeremia verkündest du nicht nur eine Botschaft, du bist selber diese Botschaft.

B: Ich habe es lernen müssen, daß die Botschaft ebensosehr in meinem Leben wie in meinen Worten liegt. Wenn ich auf die Kanzel steige, begrüßen die Leute mich oft mit stehenden Ovationen. Als ich ihnen das verbieten wollte, sagte Gott mir: »Junge, die klatschen nicht für dich, die klatschen für das, was ich in deinem Leben tue; laß sie nur.«

D: Was mich zu einer sehr wichtigen Frage bringt: Muß Gott uns manche Leiden, manchen Zerbruch zumuten, wenn wir so werden sollen, wie er uns haben will?

B: Ich glaube, daß es im Prinzip schon möglich ist, daß jemand erfolgreich durch sein Leben geht, ohne irgendwo zerbrochen zu werden, aber ich glaube, es ist nicht sehr wahrscheinlich. Die meisten Menschen in der Bibel, die Gott für sein Werk benutzte, mußten durch einen Zerbruch hindurch, und bei den großen Christen, deren Leben ich studiert habe, war es ähnlich. Wohlgemerkt: Nicht alles Leiden muß körperlich sein; oft ist der seelische Schmerz schlimmer als der körperliche.

Was hier passiert, ist folgendes: Wir bekommen eine solche Sehnsucht nach Gott und danach, daß er für uns und unsere Mitmenschen real wird, daß wir bereit sind, jeden Preis zu zahlen.

D: Als du im vergangenen November aus dem Krankenhaus entlassen wurdest und ich dich anrief, sagtest du etwas, das mich faszinierte. Du sagtest: »Gott hat mir eine Menge gesagt, aber ich glaube, die Leute wollen es nicht hören.« Wie hast du das gemeint? Was erwarten die Leute denn von dir? Hoffen sie auf eine einfache Patentantwort?

B: Ronald, dies ist vielleicht das, was ich am allerschwierigsten rüberbringen kann. Ich bin immer noch dabei, all das, was der Herr mir gezeigt hat, auf die Reihe zu bringen. Weißt du, es gibt Dinge, die versteht man in seinem Geist, aber nicht mit dem Verstand, und erst dann, wenn ich das, was ich in meinem Geist weiß, auch mit dem Verstand verarbeiten kann, kann ich es an andere Menschen weitergeben.

Die Ärzte versichern mir, daß ich buchstäblich sechsmal tot war; mein Herz schlug nicht mehr, und mein Atem hatte aufgehört. Sechsmal. Ich habe mich gefragt, warum Gott mir nicht den Himmel zeigte, wie er es bei anderen, die schon »tot« waren, getan haben soll. Ich fragte ihn schließlich selber, und er zeigte mir, daß ich, wenn ich einmal den Himmel gesehen hätte, nicht mehr zurück gewollt hätte. Paulus hat so viel vom Himmel gesehen, daß er nicht mehr wußte, ob er hier auf der Erde bleiben oder lieber zum Herrn gehen wollte.

Die Menschen wollen Heilungen und Erklärungen, irgendein Patentrezept, eine Pille, die sie eben mal schlukken, und in ein paar Minuten ist alles wieder gut. Aber das würde dem, was Gott mit uns vorhat, wenn er Leiden in unserem Leben zuläßt, total zuwiderlaufen. Das Leiden soll uns auf Gottes Offenbarung in unserem Leben vorbereiten.

Kürzlich rief mich ein junger Mann, der vor einer Gehirntumoroperation stand, an und bat mich, für ihn zu beten. Die Operation war nur teilweise erfolgreich, und die Ärzte gaben dem jungen Mann noch sechs Wochen bis sechs Monate. Der Mann, ein bekannter Erweckungsprediger, bat mich um einen Termin. »Was macht man«, fragte er mich, »wenn einem gesagt wird, daß man höchstens noch ein halbes Jahr zu leben hat?«

Ich antwortete ihm: »Nun, man tut das einzig Richtige und legt ganz einfach sein Leben in Jesu Hände.«

»Das verstehe ich nicht«, sagte er.

»Nun, die Ärzte haben schon sechsmal meine Verwandten zusammengetrommelt und ihnen gesagt, daß ich spätestens bis Mittag tot sein würde, und da haben wir das gemacht – mein Leben in Jesu Hände gelegt.«

Und das ist das, was die Leute nicht hören wollen.

D: Du sagst also, wenn ich dich richtig verstehe, daß wir dann, wenn wir all unser Leiden für das Werk des Teufels halten, nur einen Wunsch haben – daß wir es möglichst schnell loswerden. Aber wenn wir Gott in unserem Leiden sehen, wird das anders; jetzt ist unser größter Wunsch nicht mehr, es loszuwerden, sondern herauszufinden, was Gott uns durch dieses Leiden sagen will.

B: Genau. Einmal besuchte mich eine Frau, die unheilbar krank war. Sie und ihr Mann waren Missionare. Kaum war sie zur Tür hereingekommen, da befahl Gott mir, sie zu fragen, warum sie so krank war. Ich wußte, daß sie die Frage dumm finden würde, aber ich gehorchte dem Herrn. »Was meinen Sie wohl, warum Sie krank sind?« fragte ich.

»Das weiß ich nicht«, antwortete sie.

Ich sagte: »Wenn Sie es wüßten, würden Sie vielleicht nicht mehr geheilt werden wollen.«

D: Als ich dich im November anrief, sagtest du mir, daß der Wendepunkt für dich kam, als du zu Gott durchbrachst. Kannst du mir darüber mehr erzählen?

B: Ich bin zweimal in einer Situation gewesen – einmal bei meinem ersten Krankenhausaufenthalt in Houston, der vier Monate dauerte, und dann noch einmal 1988, als ich fünfeinhalb Monate in dem Krankenhaus zubrachte –, wo es so aussah, als ob Gott mich buchstäblich verlassen hatte. Ich glaube, es gab zwei Gründe für dieses Gefühl des Verlassenseins. Zum einen kommt es vor, daß Gott uns das Bewußtsein seiner Gegenwart entzieht, damit wir lernen, allein und in nacktem Gehorsam unseren Weg zu gehen, ohne die Krücke der spürbaren Nähe Gottes. Und zweitens ist unser menschlicher Geist wie das Meer. Wenn das Meer ganz ruhig ist, kann man ein Haar hineinwerfen, und es zieht seine Kreise. Aber wenn es vom Sturm aufgepeitscht ist – wenn es in unserer Seele schreit und tobt –, kann man einen ganzen Berg hineinwerfen, und es passiert nichts.

Gott muß mich also an einen Ort völliger Stille führen, bevor er richtig zu mir reden kann. Aber dann, wenn ich ihm dort begegne, bekomme ich den Sieg. Das Leiden mag noch schlimmer werden, aber ich habe den Sieg. Wenn wir denken, Gott habe uns verlassen, hat er sich oft nur ein wenig zurückgezogen, um uns Gelegenheit zu geben, zu sehen, wo wir stehen und wie wir uns in dieser Situation verhalten.

D: Du sagst also, daß das Schlimmste am Leiden nicht so sehr der körperliche Schmerz ist, sondern das Gefühl, von Gott getrennt zu sein?

B: Jawohl. Ich glaube, das schlimmste Leiden Christi am Kreuz war sein Ausruf: »Mein Gott, mein Gott, warum hast du mich verlassen?«

D: Ich finde das, was du da gerade sagst, enorm wichtig, denn die meisten deiner Freunde gehen ja davon aus, daß du nie an Gott verzweifelt bist und dich nie von ihm verlassen gefühlt hast. Wir sehen dich an und sagen: »So einen Glauben wie Manley Beasley hätte ich auch gerne.« Ich weiß noch, wie ich dich damals anrief; ich hatte noch nie zuvor Gottes Geist so stark durch eine Telefonleitung gespürt. Als ich aufgelegt hatte, sprach ich noch eine Weile mit Kaye. Ich sagte: »Was bin ich froh, daß ich nicht das mitmachen muß, was Manley mitmacht.« Worauf Gott mir postwendend zuflüsterte: »Sei ehrlich und sag's ganz: Was bin ich froh, daß ich Gott nicht so nahe bin wie Manley.« Wir alle hätten gerne deinen Glauben, aber wir wollen nicht durch die Schule gehen, in der du ihn gelernt hast.

B: Nun, im Tiefsten geht es hier auch um unseren Dienst – daß wir Kanäle werden, durch die Gottes Herrlichkeit sich den Menschen zeigen kann. Als ich so krank wurde, habe ich mich erst bitter bei Gott beklagt. Aber dann hab' ich mit dem Klagen aufgehört und mich in Gottes Willen ergeben – mit dem Ergebnis, daß ich zu mehr Menschen sprechen kann, mehr Bekehrungen erlebe und mehr von Gottes Herrlichkeit sehe als in den Tagen, wo ich kerngesund war. Das ist unheimlich toll.

D: Wenn ich plötzlich sehr krank werde und die Ärzte

mir sagen, daß ich noch sechs Wochen bis sechs Monate zu leben habe, wie bete ich dann? Was sage ich Gott?

B: Ich würde natürlich als erstes zu Gott um Hilfe schreien. Für einen Christen sollte dies immer die erste Reaktion sein: zu Gott rufen. Ihn bitten, mich zu heilen, aber noch viel mehr: ihn bitten, mich dahin zu bringen, daß ich sagen kann: »Herr, verherrliche du dich in meinem Leben.« Das kann seine Zeit brauchen; bei mir dauerte es sieben Monate. Als meine Krankheit begann, war ich 39 Jahre alt, noch nie krank gewesen und voller Energie. Es machte einfach keinen Sinn – anfangs.

Aber um zurück zu deiner Frage zu kommen: Ich würde beten: »Herr, hilf mir, die nötigen Korrekturen vorzunehmen und deinen Plan in dieser Sache zu sehen, damit ich selbst im Leiden mich deiner Nähe freuen kann.« So würde ich das machen.

D: Und jetzt meine letzte Frage, Manley: Was meinst du – *hat es sich gelohnt?*

B: Ron, wenn ich tausend Leben hätte und wüßte, daß sie alle so wären wie dieses, das ich jetzt habe, ich würde sie alle Gott hinlegen, denn ich bin überzeugt: Es lohnt sich. Diese tiefe, freudige Gewißheit zu haben, daß man auf alles vorbereitet ist, was das Leben einem vor die Füße werfen mag – das ist ein tiefer Friede und ein großer Trost, und ich bin voller Freude und Dank darüber. Ja, Gott sei gedankt: Ich erachte es für lauter Freude.

Manley Beasley starb im Juli 1990. Ich bin ebenso überzeugt wie er selber, daß er, hätte er es gewollt, Gottes Heilung bekommen hätte; Gott selber hatte sie ihm angeboten. Manley entschied sich anders. Aber wenn ich mir sein Leben, seinen Dienst und seinen Einfluß ansehe, dann muß ich sagen: Er hat sich richtig entschieden.

KAPITEL 5

Das Stigma der Krankheit

*Darum kennen wir von nun an niemanden mehr nach
dem Fleisch.*　　　　　　　　　　2. Korinther 5,16

Krank sein ist nicht cool.

Es war im Jahre 1986. Ein schöner Frühlingstag in Tulsa
(Oklahoma), und ich war kurz vor dem Durchdrehen.

Mein zehn Jahre langer Kampf mit dem schwarzen
Loch der Depression, mit seiner Wut, Angst, seinen
Panikattacken, Gedächtnis- und Konzentrationsstörungen, seiner alles lähmenden Lethargie, seinen bohren-
den Todes- und Selbstmordgedanken, seiner Kraft- und
Schlaflosigkeit hatte mich an den Rand des Wahnsinns
gedrückt.

Kaye hatte mich gedrängt, doch endlich zu einem
Psychiater zu gehen, aber das hatte ich ja nun wirklich
nicht nötig – war ich nicht ein Christ, und ein Pastor noch
dazu?

Meine größte Angst war, daß die anderen merkten, was
mit mir los war.

Schließlich kam der Tag, wo ich es einsah: Wenn ich
überleben wollte, dann mußte es wohl sein. Und ich rief
Kaye an (ich war gerade in Tulsa) und bat sie, mir einen
Termin bei dem christlichen Psychiater, von dem sie mir
erzählt hatte, zu besorgen.

Und wer saß in der Rezeption, als ich die Praxis betrat?
Natürlich ein früheres Mitglied meiner Gemeinde.

Unser von den Massenmedien genährter Fitneß-, Ju-
gend- und Schönheitskult hat ein neues gesellschaftliches

44

Übel hervorgebracht: das Kranksein. Krank sein ist nicht mehr in; es ist ein Stigma.

Das Wort *Stigma* geht auf die Praxis zurück, Sklaven – besonders solche, die fortgelaufen waren oder ihren Herren nicht gehorcht hatten – mit einem Brandzeichen zu versehen, einem sichtbaren Mal auf der Haut, das Gefahr, Schuld oder Unreinheit signalisierte. Arthur Frank schreibt: »Das Stigma war ursprünglich eine rechtsgültige Bestrafung in Form von Einkerbungen an den Ohren, Brandzeichen und anderen sichtbaren Verstümmelungen. Wer die stigmatisierte Person sah, der wußte sofort, mit was für einem er es zu tun hatte. Man erwartete von dem Stigmatisierten, daß er sich an den Rand der Gesellschaft begab und dort seinen gezeichneten Körper vor dem anständigen Teil der Menschheit verbarg. Die Ursachen der Stigmatisierung haben sich geändert, das Sichverstecken nicht.«[1]

Das soziale Stigma

Krankheit in all ihren Formen, ob körperlich, seelisch, geistig oder auch finanziell, ist heute zu einem sozialen und spirituellen Stigma geworden. Dr. David Rabin spricht in diesem Zusammenhang vom »Paria-Syndrom« und gibt folgendes bewegende Zeugnis von den gesellschaftlichen Konsequenzen seiner eigenen Krankheit, ALS:

Was wir noch nicht ganz wußten, das war, daß ALS – oder überhaupt jede unheilbare chronische Krankheit – unweigerlich auch zu einer sozialen Krankheit führt. Patienten und ihre Verwandten werden für viele zu Parias, zu Ausgestoßenen, deren Gegenwart man nicht ertragen kann, und müssen sich mithin nicht nur mit ihrer Krankheit abquälen, sondern auch mit der Art, wie die Gesellschaft auf sie reagiert.

Dr. Rabin beschreibt, wie Freunde und Kollegen sich plötzlich von ihm zurückzogen: »Die Botschaft war eindeutig – meine Erkrankung hatte mir das, was Susan Sontag den ›Passierschein der Gesunden‹ genannt hat, unwiderruflich entzogen. Ohne diesen Paß wurden meine Familie und ich von einer ganzen Reihe von Menschen ausgeschlossen. Wir waren fortan Parias, Ausgestoßene.«[2]

In seinem Buch *Wrestling with the Angel* beschreibt der Kolumnist Max Lerner seinen Kampf mit dem Prostatakrebs:

> Lebensbedrohende Krankheiten sind verständlicherweise vom Geruch des Tabus umgeben, versucht doch die Gesellschaft als Stammesverband ihren Bestand zu schützen und sieht den Kranken als eine Bedrohung für das Wohlergehen der Allgemeinheit. Schon zu Beginn meines Krebses wie auch später versuchte ich mir selber wie anderen gegenüber ganz ehrlich zu sein. Ich mußte einen Preis zahlen für diese Offenheit. »Lerner hat Krebs« – die Neuigkeit ließ meine Vortragstermine und Anfragen für Zeitschriftartikel zusammenschmelzen. Max Lerner, der Endsiebziger – das ging; aber Max Lerner mit Krebs und mit weiß Gott was noch für Krankheiten, ein Mann, der dabei war, von der Lebensbühne abzutreten . . . Wir sperren unsere Kranken in Spitäler ein, aber wir erfinden noch andere raffinierte Methoden, sie von der Bühne der Lebenden zu verbannen – und machen ihre Heilung so noch schwieriger.[3]

Simone Weil, selber eine Leidende, stellt fest, daß die Menschen sich gegenüber dem Leidenden instinktiv so verhalten wie Hühner, die auf das verwundete Mithuhn mit Schnabelhieben losgehen: »Jedermann verachtet die Unglücklichen mehr oder weniger, obgleich fast niemand sich dessen bewußt ist.«[4]

Die mildeste Version ist noch, daß wir uns in der Gegenwart des Leidenden unwohl fühlen.

Heutzutage bezieht sich das Wort *Stigma* weniger auf ein körperliches Mal und mehr auf die *Schande*, die das Mal bedeutet. Die Haltung der Gesellschaft zur Krankheit vermittelt dem Kranken das Gefühl, eine verpfuschte Identität zu haben, ein Minderwertiger und Abweichler zu sein, ein unnormaler, ja fast schon verrückter Exzentriker.[5]

Sind Sie schon einmal depressiv genug gewesen, um eine der Geschichten von Franz Kafka zu lesen? (Nein, man *muß* nicht depressiv sein, um Kafka zu lesen, aber es hilft.) Für unsere Zwecke gut geeignet ist *Die Verwandlung*, in der der Held (?), Gregor Samsa, eines Morgens beim Aufwachen feststellt, daß er in ein riesiges Insekt verwandelt worden ist (jetzt verstehen Sie das mit dem »depressiv«, nicht wahr?). Die Geschichte ist ein Bild für das Kranksein, denn ich garantiere Ihnen: Wenn Sie auf einmal feststellen müssen, daß Sie ein Käfer sind, dann gilt Alarmstufe drei.

Als Gregor Samsa also aufwacht, liegt er auf dem Rücken, und seine sechs Beine fuchteln hilflos in der Luft. Beim Aufstehen stürzt er prompt und verletzt sich erheblich. Später wirft sein Vater einen Apfel auf ihn, um ihn zurück in sein Zimmer zu treiben. Der Apfel setzt sich als eiterndes Geschwür in seinem Rücken fest; Gregor kann sich kaum noch bewegen.

Gregor Samsa ist ein Paria geworden, ein Stigmatisierter, ein Aussätziger. Für unsere Zwecke ist das Erhellendste an seinem Schicksal die Reaktion seiner Verwandten, deren Entsetzen über diese scheußliche Verwandlung eines der Ihren mehrere Stadien durchläuft.

Das erste Stadium heißt ungläubiger Schock. Was sollen sie machen angesichts dieses Unerhörten, das ein solcher Frontalangriff auf alle ihre Vorstellungen von einer normalen Familie ist? Keiner weiß, wie er sich verhalten soll, keine Tradition steht hilfreich zur Verfügung. Man versucht also wacker, so zu tun, als sei alles normal. Doch solche Verdrängungstaktik funktioniert nicht lange, wenn ein mannsgroßer Käfer im Zimmer nebenan wohnt.

Es beginnt das zweite Stadium: helfen und lindern. Gregors Lieben können seinen Anblick nach wie vor nicht ertragen, aber sie bringen ihm zu essen und stellen die Möbel so um, daß er mehr Bewegungsfreiheit bekommt. Sie sind dankbar, daß er sich versteckt, wenn sie das Zimmer betreten.

Aber mit der Hoffnung auf ein Ende des Käfer-Alptraums schwindet auch die Geduld der Helfer – das dritte Stadium. Sie lassen Gregors Zimmer mehr und mehr verkommen, benutzen es schließlich als Rumpelkammer; aus dem Essen wird ein Fraß. Schließlich spricht Gregors Schwester aus, was alle denken: Dieses Insekt kann unmöglich ihr Bruder sein.

Das Endstadium ist eine Mischung aus Trauer und Erleichterung, als Gregor stirbt. Howard Brody sagt, daß die Familienglieder Gregors Krankheit als etwas sehen, was sie selber trifft, und nicht als ein Schicksal Gregors, das sie mittragen müssen. Damit wird klar, warum sie Gregor als Paria, als Stigma betrachten, als etwas, was unanständig ist und versteckt werden muß. Soziale Degradierung, Isolation, Ausschluß – es ist ein Kernelement des Leidens.

Arthur Kleinman schreibt: »Zum Schluß erwartet der Stigmatisierte solche Reaktionen geradezu, noch bevor sie geschehen, ja sogar dann, wenn sie gar nicht kommen. Er hat ein Stadium erreicht, wo er sein Stigma in einem tiefen Gefühl der Schande und einer zerstörten Identität internalisiert hat.«[6]

Die neuen Aussätzigen

Zu Anfang unseres Jahrhunderts war »Tuberkulose« das Schreckenswort. Dann wurde »Krebs« das große Tabu (obwohl mehr Menschen an Herzkrankheiten sterben). Doch heute ertönt der Schrei »Unrein!«, wenn jemand AIDS hat. AIDS – das ist der Super-Aussatz unserer Generation. Ächtung durch die Nachbarn, Brandstiftung, Kündigung der Arbeits- oder Ausbildungsstelle – das alles ist AIDS-Familien schon passiert. Manche werden die Schikanen und die Stigmatisierung erst los, wenn sie in eine Gegend umziehen, wo keiner sie kennt.

Jimmy Allen, der frühere Präsident der weltweit größten protestantischen Denomination, der amerikanischen Southern Baptist Convention, erzählt seine herzzerreißende Geschichte in seinem Buch *The Burden of a Secret*. Seine Schwiegertochter Lydia bekam bei einer schweren Geburt mehrere Bluttransfusionen, von denen eine, wie sich erst Jahre später herausstellte, mit dem HIV-Virus verseucht war. Lydia und ihr Neugeborenes, Matthew, verließen die Klinik als ahnungslose HIV-Träger. Ein paar Jahre später gebar sie erneut einen Sohn, Bryan, der ebenfalls mit dem Virus geboren wurde. Durch eine Verkettung von Umständen kam es schließlich heraus: Lydia, Matthew und Bryan hatten AIDS.

Dr. Allens Sohn Scott, Lydias Ehemann und Vater der beiden Jungen, war hauptamtlicher Mitarbeiter einer christlichen Gemeinde in Colorado. Er informierte pflichtschuldigst seinen Pastor von der furchtbaren Entdeckung. Der Pastor kündigte ihm postwendend. »Laßt euch nicht mehr bei uns blicken«, sagte man der Familie.

Wo die Allens auch hinkamen, trafen sie auf Angst und Ignoranz. Zuerst starb Bryan, dann Lydia, zum Schluß Matthew. Obwohl die Allens schließlich doch christliche Freunde fanden, die zu ihnen standen, ist ihre Geschichte ein beredtes Beispiel für die destruktive Macht der Stigmatisierung Kranker.[7]

Ironischerweise ist für die amerikanische AIDS-Massenhysterie in hohem Maße die Schwulenszene verantwortlich, die bei ihren an und für sich verständlichen Bemühungen, die Öffentlichkeit für die Seuche zu sensibilisieren und Gelder für die AIDS-Forschung und -Behandlung aufzutreiben, ein so maßlos überzogenes Bild von der neuen Krankheit zeichnete (»Jeder kann AIDS kriegen«), daß die Leute in Panik gerieten – und AIDS-Patienten noch mehr in den Bann taten. In den letzten Jahren hat sich hier vieles verbessert, und die Hilfe für die Opfer von AIDS macht Fortschritte; aber immer noch ist AIDS das Stigma aller Stigmas.

296.33

Das bin ich. Wenn Sie diesen Abschnitt in dem DSM.IV.R (*Diagnostical and Statistical Manual of Mental Disorders* = Diagnostisch-statistisches Handbuch der psychischen Störungen) aufschlagen, finden Sie diesen Text: *Tiefe Depression, zur Wiederholung neigend, stark.* Das ist meine Diagnose.

1993 hielt ich für die Gesundheitsorganisation Rapha einen Vortrag vor 1500 Pastoren und ihren Ehefrauen. Als ich den Vortrag begann, wußte ich noch nicht, ob ich meine eigenen Depressionen, meine Besuche beim Psychiater und die Medikamente, die ich immer noch nahm, erwähnen sollte. Aber ich war mittlerweile so weit, daß mein Leben und meine Familie für mich aus mehr bestanden als aus dem, was die anderen dachten, und so wagte ich es. Es war nicht einfach, aber ich erzählte meinen Kampf mit der Depression, und ich werde ewig dankbar sein dafür, daß direkt nach der Veranstaltung die Frau eines befreundeten Pastors zu mir kam und mir mit Tränen in den Augen sagte: »Laß dir von niemand ein schlechtes Gewissen machen wegen dem, was du heute gesagt hast.« Nach dieser Rede und nachdem ich in meinem Buch *Wenn Gott schweigt* mein Problem an die Öffentlichkeit gebracht habe, haben mich Hunderte von Menschen aufgesucht, um mir ihre eigene, ähnliche Geschichte anzuvertrauen. Ich staunte nur so, wie viele Menschen aus Angst davor, stigmatisiert zu werden, jahrelang still vor sich hingelitten hatten.

Etwa 30 Millionen Menschen in den USA leiden an irgendeiner Form von geistiger oder psychischer Störung, und ihr Stigma kommt gleich hinter dem von AIDS. Wer in unserer Gesellschaft depressiv, manisch-depressiv oder sonstwie »gestört« ist, der trifft auf Angst, Mißtrauen und Ablehnung. Der Depressive, Labile, seelisch Kranke – er gilt als lästiger Schwächling, der sich gefälligst zusammenzureißen und die anderen in Ruhe zu lassen hat.

Aber Tatsache ist, daß Depression, manische Depression und andere Krankheiten eben dies sind: Krankheiten im vollen biologisch-medizinischen Sinne; genetische Krankheiten, die auf Störungen des chemischen Gleichgewichts im Gehirn zurückgehen. Die Ärzte sind sich nicht ganz über die Ursachen einig, aber fest steht für die meisten, daß das Gehirn chemische »Botenstoffe« hat, die sogenannten *Neurotransmitter*, und daß dann, wenn diese Botenstoffe normal sind, auch wir »normal« sind. Sobald jedoch einer oder mehrere der drei Botenstoffe Serotonin, Noradrenalin und Dopamin fehlen, kann dies zu ernsten Depressionen führen. Man kann in jedem Alter depressiv werden. Frauen sind doppelt so häufig betroffen wie Männer, und insgesamt leiden bis zu 10 Prozent der Bevölkerung der USA in irgendeiner Phase ihres Lebens an Depressionen.

Der Zustand des Depressiven hat viele Gesichter – von tiefer Traurigkeit über Schuldkomplexe, das Gefühl, nutzlos oder wertlos zu sein, bis hin zu allgemeinen Sinnlosigkeitsgefühlen, Gedächtnis- und Konzentrationsstörungen. Oft hat der Patient Angst, verrückt zu werden, muß grundlos weinen oder ist völlig apathisch und ständig müde. Appetitmangel kann zu Austrocknung und starkem Gewichtsverlust führen. Selbstmordgedanken lauern ständig um die Ecke, Schlaf ist oft ein Luxus.

Doch es gibt einen Lichtblick: Hilfe ist möglich. Man braucht nicht für den Rest seines Lebens depressiv zu bleiben; eine Kombination aus Medikamenten und Psychotherapie kann wieder ein normales Leben ermöglichen. »Das beste Gehirn der Welt«, schreibt Wilfred Sheed, »kann sich keinen Ausweg aus der Depression erdenken, denn all seine Gedanken sind von vornherein vergiftet.«[8]

Doch unglücklicherweise sind seelische Erkrankungen bei uns derart stigmatisiert, daß viele der Opfer gar nicht erst versuchen, Hilfe zu bekommen. Sind Depressionen nicht ein sicheres Zeichen für Lebensuntüchtigkeit und Medikamente eine jämmerliche Krücke? Bei der manischen Depression (die sehr gut therapierbar ist) besteht das Hauptproblem darin, den Patienen dazu zu bewegen, daß er seine Medizin nimmt; die meisten bekommen keine Hilfe, weil sie Angst haben, daß dann, wenn sie ihre Krankheit zugegeben haben, niemand mehr etwas von ihnen wissen will.

Ich glaube, einer der Gründe für unsere Probleme in diesem Bereich ist eine verkehrte Trennung zwischen Körper und Geist. Erst dann, wenn wir den Menschen als (natürlich aus verschiedenen Dimensionen bestehende) psychosomatische Einheit sehen, sind wir in der Lage, die körperliche und die seelische Dimension gleichzeitig anzugehen. Solange wir in psychischen Krankheiten *nur* ein seelisches Problem sehen, fallen wir einem Dualismus zum Opfer – einem Dualismus, der für den Christen die Inkarnation Christi glatt leugnet. Der Christ, der sich weigert, zum Arzt zu gehen, ist strenggenommen ein Opfer der manichäischen Irrlehre, denn die Bibel sagt eindeutig, daß unser Leib real und nicht nur zum Schein besteht. Jesus war wirklich Mensch, mit Fleisch und Blut, und der depressive Christ braucht sowohl die Hilfe des Arztes als auch die des Seelsorgers.[9]

Eine der international führenden Autoritäten auf dem Gebiet der manischen Depression ist Kay Redfield Jamison, Professorin für Psychiatrie an der Medizinischen Fakultät der John Hopkins University und Mitautorin des medizinischen Standardwerks über manische Depression. Im Jahre 1995 schrieb sie ein Buch mit dem Titel *An Unquiet Mind*, in welchem sie zum ersten Mal öffentlich ihre eigene manisch-depressive Krankheit beschrieb, die sie seit dem 17. Lebensjahr plagt. Sie schreibt: »Die manische Depression verzerrt Stimmungen und Gedanken, vergiftet das Verhalten, entzieht dem rationalen Denken jedes Fundament und läßt nur zu oft den Lebenswillen erlahmen. Sie ist eine Krankheit, die biologisch verursacht ist, die man jedoch auf der psychischen Ebene durchlebt – eine Krankheit, die wie keine andere dem Opfer zunächst Hochgefühle und Vergnügen bringt, aber danach fast unerträgliches Leiden und nicht selten den Selbstmord.«[10]

Hochinteressant ist, was Jamison über das Zustandekommen ihres Buches schreibt:

Es hat mir erhebliches Bauchweh bereitet, ein Buch zu schreiben, das so unverblümt meine eigenen manischen, depressiven und psychotischen Attacken beschreibt sowie meine Probleme damit, dazu zu stehen, daß ich laufend Medikamente brauche. Als Arzt gibt man eigene psychiatrische Probleme höchst ungern öffentlich zu; schließlich will man seine Zulassungs- und Klinikprivilegien nicht verlieren. Oft sind diese Besorgnisse nur zu berechtigt. Ich weiß nicht, was meine Offenherzigkeit zu diesem Thema für Auswirkungen auf mein persönliches und berufliches Leben haben wird, aber egal, was kommen wird – *es wird besser sein, als wenn ich weiter geschwiegen hätte.* Ich bin es müde, mich zu verstecken, meine Kräfte unnütz zu verheddern und zu vergeuden, schön Theater zu spielen und mich so zu verhalten, als ob ich etwas zu verbergen hätte. Man ist das, was man ist, und die Unehrlichkeit, sich hinter einem Doktortitel oder einer Qualifikation oder einer sonstigen Nebelwand aus Worten zu verstecken, ist eben dies: unehrlich. . . . Ich habe immer noch Bedenken, daß ich meine Krankheit so an die Öffentlichkeit bringe, aber einer der Vorteile, wenn man seit über dreißig Jahren manisch-depressiv ist, ist ja, daß einem kaum etwas als unüberwindlich schwierig erscheint. . . . Ich kann mir nicht helfen, aber die tiefe Frage von Robert Lowell: *Warum sagst du es nicht, wie es ist?*, sie tröstet mich schon etwas. (Hervorhebung von mir)[11]

An den Wassern zu Babel

Für mich steht eine der schönsten und tiefsten Passagen in der Bibel in Psalm 137: »An den Wassern zu Babel saßen wir und weinten, wenn wir an Zion gedachten. . . . Wie könnten wir des Herrn Lied singen in fremdem Lande?« (V. 1.4) Viele, die sich plötzlich in der Fremde der chronischen oder akuten Krankheit wiederfinden, sind wie die Israeliten – in einem fremden Land sitzen sie an den Wassern Babylons und weinen, wenn sie an die Tage zurückdenken, wo sie gesund waren. Wie könnten sie singen in dieser Fremde?

Das Stigma, das gewissen Krankheiten – vor allem der Depression – anhaftet, läßt uns zögern, auszudrücken, was mit uns geschieht. Wir haben Angst, daß die Leute sich vorstellen, wie wir im Schlafanzug, glasigen Blickes und mit sabberndem Mund durch die Gegend torkeln und Selbstgespräche führen oder uns mit Napoleons Hund oder Kafkas weißen Mäusen unterhalten.

Aber die, die an den Wassern zu Babel sitzen, müssen weinen dürfen, und wir, die sie hören, müssen sie in die Arme nehmen.

Das religiöse Stigma

Neben dem sozialen Krankheitsstigma finden wir noch ein zweites, sich mit ihm überschneidendes und doch eigenständiges: das religiöse Stigma. Die Isolation des Kranken verstärkt sich noch in Kreisen, in denen Kranksein gleichbedeutend ist mit Nicht-genügend-fromm-Sein. Als ich vor einigen Jahren kurz nach der Veröffentlichung einer Kassettenserie über Heilungswunder Gesundheitsprobleme bekam, hinterbrachte man mir, daß mehrere Kollegen von mir meine Erkrankung als Strafe Gottes für meine Aussagen auf diesen Kassetten deuteten.

Ich erinnere mich ferner an eine junge Mutter in Little Rock (Arkansas), die ich mit ihren beiden kleinen Mädchen im Foyer einer Kirche traf und die mir berichtete, daß ihr Mann im vergangenen Jahr an Krebs gestorben war und daß jetzt Freunde von ihr behaupteten, er sei nicht an seinem Krebs gestorben, sondern am Unglauben seiner Frau ...

Ein Freund von mir erhielt einen Ruf in einen neuen Dienst. Die Amtseinführung verspätete sich um mehrere Wochen, da er eine Herzattacke erlitt. Prompt behaupteten mehrere Gemeindeglieder, daß der Herzanfall ein Zeichen Gottes sei, daß er der falsche Mann für die Stelle sei.

Sheila Walsh, eine international bekannte christliche Sängerin und Autorin, berichtet, daß sie sich, als sie wegen Depressionen ins Krankenhaus ging, von mehreren Kollegen folgendes anhören mußte: »Weißt du eigentlich, wie du damit diesem Werk schadest?« – »Ich hab's ja immer gewußt, daß du es irgendwann nicht mehr packst.« – »Wenn du Pech hast, kommst du nie mehr hoch.«[12]

In den letzten Jahren ist es in gewissen evangelikal-fundamentalistischen Kreisen beliebt geworden, den Gang zum Psychiater grundsätzlich zu verteufeln; ein Christ, so heißt es, dürfe sich mit solchem »Satanswerk« nicht einlassen. Als Kaye und ich vor ein paar Jahren in einer Bibelkonferenz in Lousiana waren, mußten wir uns anhören, wie einer der Redner Psychologen und Psychiater jeder Couleur in Bausch und Bogen verurteilte. »Es gibt keine christlichen Psychologen!« rief er und fuchtelte mit seiner hoch erhobenen Bibel. »Alles, was ihr braucht, ist dieses Buch!«

Es war Schwerarbeit für uns, ihm zuzuhören. Unser Ältester war von seiner manischen Depression in den Selbstmord getrieben worden, und Gott hatte mein eigenes Leben und meinen Dienst durch die Hilfe der Psychiatrie und der Medizin gerettet.

Das Stigma, das die Welt dem Kranken auferlegt, kann man ja vielleicht noch verstehen; es entspringt weitgehend aus Angst, Ignoranz und Unsicherheit. Aber das Stigma, das viele Christen ihren kranken Brüdern und Schwestern zumuten, ist zumindest mir schier unverständlich. Es entspringt nicht bloß aus Ignoranz, sondern aus handfestem geistlichem Stolz und Unbarmherzigkeit. Der stigmatisierte kranke Gläubige wird im Haus seiner Freunde verwundet.

Zahllose Christen kommen zu mir in die Seelsorge, die ihr Leiden verdrängen und verstecken und sich nicht behandeln lassen, aus Angst, in der Gemeinde als ungeistlich, ungläubig und heimliche Sünder gebrandmarkt zu werden. Aber wie Sheila Walsh feststellt: »Kein denkender Mensch verurteilt doch jemanden, weil er einen Gehirntumor hat; warum gehen dann so viele auf Abstand, wenn jemand eine andere Art Leiden hat?«[13]

Vielleicht klinge ich hier etwas sehr leidenschaftlich, aber ich habe zu vielen Menschen gegenübergesessen, denen die harte Inschrift des stummen Leidens in ihr Gesicht gegraben stand. Weil keiner sie versteht und ihnen hilft, behalten sie ihre Not für sich – und Leiden, das man im Keller des Herzens verstecken muß, tut doppelt weh.

Gibt es eine Methode, Schluß zu machen mit dieser Stigmatisierung? Ja. Es ist die des Apostels Jakobus. Im zweiten Kapitel seines Briefes verurteilt er die bevorzugte Behandlung von Menschen, weil sie äußerlich »besser« erscheinen: »Ist's recht, daß ihr solche Unterschiede bei euch macht und urteilt mit bösen Gedanken? ... Wenn ihr das königliche Gesetz erfüllt nach der Schrift: ›Liebe deinen Nächsten wie dich selbst‹, so tut ihr recht; wenn ihr aber die Person anseht, tut ihr Sünde und werdet überführt vom Gesetz als Übertreter« (Jakobus 2,4.8-9).

Falls auch Sie ein Opfer von Stigmatisierung sind, möchte ich Sie daran erinnern, daß Sie Angenommene sind – bei dem Einen und Einzigen, der wirklich zählt:

». . . zum Preise der Herrlichkeit seiner Gnade, mit der er uns begnadigt (angenehm gemacht) hat in dem Geliebten« (Epheser 1,6 Elberfelder). Wir sollten die gleiche Einstellung haben wie Paulus, wenn er den Korinthern sagt: »Mir aber ist's ein Geringes, daß ich von euch gerichtet werde oder von einem menschlichen Gericht; . . . der Herr ist's aber, der mich richtet« (1. Korinther 4,3-4).

Aber wie kommt es denn überhaupt zu diesen Stigmatisierungen? Was sind die Wurzeln unserer Gesundheits- und Fitneßbesessenheit? Die Antwort darauf wollen wir im folgenden Kapitel suchen.

KAPITEL 6

Die Verführung der Kranken

Fünfhundert Jahre vor Christi Geburt kam es an der westlichen Peripherie der damals bekannten Welt zu einer anderen »wunderbaren« Geburt, einer Geburt, die die Welt, in die Christus hineingeboren wurde – und unsere Welt – entscheidend prägen sollte. Zu einer Zeit, wo die mächtigen Kulturen der alten orientalischen Welt in Schutt und Asche lagen, gebar die kleine Stadt Athen die griechische Kultur.

Das »griechische Wunder« war etwas anderes als alle Zivilisationen, die vor und nach ihr kamen. »In der ganzen Weltgeschichte ist nichts so überraschend oder so schwer erklärlich wie das plötzliche Aufblühen der Kultur in Griechenland.«[1] Dieses kulturelle Wunderkind schien gleichsam fertig und erwachsen aus dem Schoß der Geschichte zu schlüpfen. Seine Leistungen in Kunst und Architektur, Dichtung und Literatur sind unübertroffen und setzten Maßstäbe, an denen andere Werke bis heute gemessen werden.

Die Griechen perfektionierten das Alphabet; in seiner römischen Form leistet es dem Abendland noch heute seine Dienste. Sie erfanden Mathematik, Naturwissenschaft und Philosophie. Thukydides und Xenophon schrieben als erste Geschichtswerke, die Literatur und nicht bloße Annalen waren. Auch das deduktive Denken ist eine griechische Erfindung. Niemals mehr in der menschlichen Geschichte ist so viel Genie in so vielen Bereichen menschlichen Schaffens in einer so kurzen Zeitspanne an einem Ort konzentriert gewesen.[2]

Eine der allerwichtigsten Leistungen der Griechen war ein neuer Geist des forschenden Denkens, wie er sich in dem berühmten Ausspruch verkörpert: »Erkenne dich selbst!« Frei von religiösen und intellektuellen Fesseln spekulierten die Griechen frei über das Wesen der Welt und den Sinn des Lebens, stellten mit künstlerischer Präzision alle Grundfragen über die menschliche Existenz. Die in den goldenen Tagen der griechischen Kultur entstandenen *Dialoge* des Plato sind bis heute die einflußreichste Sammlung philosophischer Gedanken in der westlichen Welt.

Aber was hat dies mit uns zu tun? Und was hat es mit Krankheit, Leiden und Tod zu tun?

Nun, ganz einfach: Wir sind die Erben jener griechischen Kultur. Unsere Wurzeln reichen bis nach Griechenland, unsere Zivilisation ist aus der jener klassischen Alten Welt hervorgegangen. Fleisch und Blut der westlichen Welt des 20. Jahrhunderts hängen gleichsam an dem Skelett des alten Griechenland. Wie der französische romantische Maler Delacroix einmal sagte: »Wir sind alle Griechen.« Wayne Meeks schreibt: »Im 5. und 4. Jahrhundert v. Chr. schuf die Stadt Athen in einem erstaunlichen Maße die Kategorien, welche die Denker des Abendlands von jener Zeit an bis in unsere Tage für das Reden über ethische Probleme benutzen.«[3]

Unsere Kultur trägt gleichsam den Stempel »Made in Greece«. Wären das alte Athen und seine Denker nicht gewesen, unser heutiges Denken und Handeln wäre ganz anders.

Doch die Griechen schufen noch etwas anderes: *Sie schufen sich ihre Götter nach ihrem Bild.*

Dies war etwas Neues. Vor den Griechen hatten die Götzen der Menschen keine Ähnlichkeit mit der Realität gehabt. Erinnern Sie sich noch an die Bilder aus dem alten

Ägypten in Ihren Schulgeschichtsbüchern? Bizarre, alptraumhafte, buchstäblich un-menschliche Gestalten: Statuen mit menschlichen Körpern und Tierköpfen, Götter, die in Tiergestalt verehrt wurden. Hathor zum Beispiel war eine Kuh mit Frauenkopf, Montu hatte den Kopf eines Falken, Annibus den eines Schakals und Sekhmet ein Löwenhaupt. Die Göttin Isis-Thot wurde zuweilen als Käfer dargestellt, der eine mit Sand vermischte Dungkugel vor sich herschob. Nicht sehr vertrauenerweckend, nicht wahr?

Für die Griechen jedoch war der Mensch das Maß aller Dinge. Ihre Götter sahen wie Menschen aus und verhielten sich auch so; sie hatten den Körperbau von perfekten menschlichen Athleten.

Edith Hamilton schreibt: »Mit dem Aufblühen Griechenlands wurde der Mensch der Mittelpunkt des Universums ... Griechenland war das einzige Land in der alten Welt, wo die Menschen um das Sichtbare kreisten; sie fanden die Befriedigung ihrer Sehnsüchte in der realen Welt um sie herum ... [Ihre] Gottheiten waren auf eine menschliche Art attraktiv und schön, hehre Jünglinge und Frauen, die Wald und Flur, Flüsse und Meer bevölkerten, in Harmonie mit der schönen Erde und den glitzernden Fluten.«[4]

Für den Christen ist die Geschichte *Gottes* Geschichte, die Chronik seines Heilshandelns auf Erden, seines unsichtbaren Krieges mit dem Satan, des Dramas der Erlösung. Es ist eine einzige Geschichte, und sie ist Gottes. Aber für die Griechen war der Mensch der Herr der Geschichte; sie war nicht das Buch des Zornes und der Gnade Gottes, sondern die Chronik der großen Taten großer Menschen. Und diese griechische Tradition ist, so der Historiker Oswyn Murray, auch unsere Tradition: »Es waren die Griechen, die das Abendland lehrten, *Geschichte ohne Gott zu machen und zu schreiben.*«[5]

Die griechischen Denker verwarfen jeden transzendenten Bezugsrahmen. Sie lehrten die Überlegenheit des Menschen über sich selbst und glaubten, daß es dem Menschen und seinem Verstand selber möglich sei, die Wahrheit und das Gute zu erreichen. »Erkenne dich selbst«, sagte der Grieche – und nicht: »Erkenne deinen Gott.« Die griechische Moral war ein Produkt des menschlichen Wesens und nicht des Wesens und Herzens Gottes. Die Natur galt als göttlich; was natürlich war, das war auch göttlich.

Für die alten Griechen war der Mensch nicht ein sündiges Wesen, das der Erlösung bedurfte. Im Gegenteil: Er war der Abkömmling von Göttern und Helden, und in der griechischen Kunst sind es die Figuren dieser Götter und Helden, die seine Handlungen und Hoffnungen zum Ausdruck bringen; sie sind wahre Ausbünde von Kraft und Geschick, die ein Leben überschießender Sinnlichkeit leben:

Götter sind da in allerlei Gestalt,
die streiten, trinken, buhlen, jung und alt.

Die Religion der Griechen war praktisch und stand mit beiden Beinen in der Welt. In seinen *Dialogen* sagt Plato: »Denn das Beste, das je gesagt wurde, ist und wird stets sein, daß das Nützliche schön ist und was schädlich, häßlich. ... Wir werden die Ehen so heilig machen, wie wir können, wobei *heilig heißt: so nützlich wie möglich*« (Hervorhebung von mir). Das, was nach dieser irdischen Welt kommt, wird kaum jemals zum Gegenstand des Interesses oder der Sorge. Für den Griechen gab es nach dem Grab nichts mehr, das etwas wert gewesen wäre.

Es überrascht uns jetzt vielleicht nicht mehr zu hören, daß bei den Griechen ein gutgebauter Körper ein Objekt der Bewunderung war (siehe oben: »Wir sind alle Griechen«). Die Bildhauer gestalteten mit Vorliebe den (meist nackten) männlichen Körper. Sportwettkämpfe fanden nackt statt, ein nackter junger Mann war ein normaler Anblick. Plato war der Meinung, daß das einzige, das die völlige Gleichheit von Mann und Frau verhinderte, das Schamgefühl der Frau war und daß man dies leicht dadurch beheben konnte, daß Männer und Frauen gemeinsam unbekleidet Sport trieben.

Sie waren Heiden, die Griechen, aber Heiden mit Niveau, deren Religion der Kult der Jugend, Gesundheit und Schönheit war. In seiner *Utopia* erklärt Plato, daß ein Volk, daß nach den Regeln seines idealen Staates lebt, keine Ärzte brauchen würde, und Euripides hat dieses über die Alten zu sagen:

Mit Speisen, Trank und Zauberspruch
woll'n Einhalt sie dem Tod gebieten.
Zu nichts mehr nutze sind sie in der Welt,
sie sollten gehn und sie den Jungen lassen.

Die Lebensideale der Griechen waren mithin »Gesundheit, Schönheit (die Griechen hielten den männlichen Körper in ungewöhnlich hohen Ehren), ehrlich erworbener Reichtum und der Genuß der Jugend zusammen mit Freunden«.[6] Was uns irgendwie bekannt in den Ohren klingt, nicht wahr?

Unter anderem die Griechen meint Paulus, wenn er im Römerbrief schreibt: »Da sie sich für Weise hielten, sind sie zu Narren geworden und haben die Herrlichkeit des unvergänglichen Gottes vertauscht mit einem Bild gleich dem eines vergänglichen Menschen ... sie, die Gottes Wahrheit in Lüge verkehrt und das Geschöpf verehrt und ihm gedient haben statt dem Schöpfer, der gelobt ist in Ewigkeit. Amen« (Römer 1,22.23.25).

In V. 25 heißt es hier wörtlich, daß die Heiden die

Wahrheit Gottes in »*die* Lüge« verkehrt haben (vgl. auch Elberfelder Übersetzung). Im griechischen Urtext steht hier bei »Lüge« der bestimme Artikel. Es ist nicht irgendeine Lüge, sondern *die* Lüge, die Große Lüge.

Dabei – und dies ist wichtig – wurden diese Menschen nicht etwa von dieser Lüge *verführt*, sondern sie wählten sie bewußt. Sie kannten Gott, aber tauschten ihn gegen eine Imitation ein. Hätten sie nicht bereits den einen wahren Gott gekannt, wäre ihr Götzendienst eine echte Neuerung gewesen; so war er ein Übermalen eines vorhandenen Bildes. Sie verfielen nicht in den Götzendienst, weil sie unwissend gewesen wären, sondern weil sie böse waren.

Die Große Lüge lautet: Alles, was natürlich, schön und angenehm ist, ist göttlich. Kann denn, was Spaß macht, Sünde sein? Dies ist der Gott, den es zu loben, das Ziel, das es zu verfolgen, das Gut, das es zu besitzen gilt. Dies ist die Große Lüge – der nach dem Bilde des Menschen geschaffene Gott.

Die heutige Überbetonung von Gesundheit, Reichtum und Glück ist also weder neu noch biblisch. Viele der im »christlichen Abendland« heute hochgehaltenen Werte sind eigentlich heidnischen Ursprungs. Tatsache ist: Wir haben viele heidnische Werte in die Kirche »hineingetauft« und zu angesehenen Gemeindegliedern gemacht. Sage mir, ob du gesund und wohlhabend bist, und ich sage dir, ob du ein rechter Christ bin . . . Der Historiker Jasper Griffin (Oxford) führt den modernen Sportlerkult und die Renaissance der Olympischen Spiele als Beleg für den starken Einfluß an, den die griechische Kultur nach wie vor auf unsere Welt ausübt.[7] Hinter den Trends und Moden unserer Zeit verstecken sich die alten Götter, die der säkulare Mensch in der einen oder anderen Form seit über zweitausend Jahren anbetet. Ich glaube, dies ist eine höchst wichtige Erkenntnis für uns. J.I. Packer sagt: »Wir sind so gesundheitsbewußt geworden, daß es schon fast krankhaft ist. So toll war es noch nie in der Geschichte, noch nicht einmal im alten Sparta, wo der Leib alles war.«[8]

Und so stehen wir heute mitten in einer »Verführung der Kranken«: Die olympische Goldmedaille des Lebens heißt Gesundheit, Wohlstand ist unser gutes Recht und Freiheit von allem Weh und Leid der Wille Gottes für uns. Gesundheit, Reichtum, Wohlergehen und Glück – so redet man den Kranken ein – ist das höchste Gut, das, was uns zusteht, ja was Gott uns vor allem anderen schenken will. Drücke die richtigen Knöpfe, und alles Böse – also alles, was dich daran hindert, dich eines Lebens in Frieden, Freude, Eierkuchen zu freuen – verschwindet. Und wenn du nicht gesund und glücklich bist, dann sitzt der Wurm in deinem Leben, und du wirst ein Paria, für dich selbst wie für die anderen. Sie funktioniert gut, diese Verführung. Sie macht sich die Ängste der Kranken geschickt zunutze, sie benutzt die durchaus legitimen Bedürfnisse und Sorgen der Menschen als Hebel, um sie vor den Karren des Versuchers zu spannen.

Die moderne Überbetonung von Gesundheit und Wohlstand ist eindeutig heidnisch und nicht christlich. Die »Liegestuhlreligion«, wie J.I. Packer sie nennt, verfolgt die gleichen Ziele wie die Welt, nur ihre Methoden sind anders: Die Welt versucht mit Biegen und Brechen, reich zu werden, der Liegestuhlchrist mit Glauben und Beten. Das Wohlstandsevangelium erlaubt es den Christen, sich dem Laufen und Rennen der Welt mit reinem Gewissen, ja im Namen Gottes anzuschließen.

Packer stellt fest: »Wir haben dem Christentum ein neues Gesicht gegeben, das Glück über Heiligung, irdische Segnungen über das Gesegnetsein in Ewigkeit stellt, das Reichtum und Wohlergehen als Gottes größte Gaben betrachtet und den Tod – besonders wenn er früh kommt – nicht als Erlösung aus dem Sünden- und Jammertal sieht, sondern als die größte aller Katastrophen, die einen an Gottes Güte zweifeln macht.«[9]

Daß diese Verführung der Kranken in manchen christlichen Kreisen so erfolgreich ist, liegt zum guten Teil daran, daß das Erlangen von Gesundheit und Wohlergehen durch die »Macht des Glaubens« als eine Gabe dargestellt wird, die die alte Kirche besaß und praktizierte, die dann in Vergessenheit geriet und die wir heute wiederentdecken dürfen. Erst in unseren Tagen, wo einige Erleuchtete den Mut besitzen, die Fesseln verstaubter Kirchentraditionen abzuschütteln, ist die Gemeinde endlich wieder in den Besitz der Wahrheit gekommen . . .

Es ist eine altbewährte Strategie: die Kirche als Bösewicht. Eric Hoffer schreibt in seiner Analyse des Fanatikers: »Massenbewegungen erheben sich in der Regel nicht, ehe nicht die alte Ordnung diskreditiert ist. Die Diskreditierung ist nicht das konsequente Ergebnis der Fehler und Mißgriffe der alten Ordnung, sondern die wohlüberlegte Arbeit wortgewandter Menschen, die irgendeinen Grund zur Unzufriedenheit haben.«[10]

Nicht nur beten wir Gesundheit und Fitneß an, sondern wir haben auch Angst vor dem Tod, vor der Zerstörung des Körpers – ein weiterer Grund dafür, daß wir uns so leicht verführen und manipulieren lassen.

Womit wir zum nächsten Punkt kommen: Für die Verführung der Kranken braucht es zwei: einen, der verführt, und einen, der sich verführen läßt. Schauen wir uns diese beiden Protagonisten in dem Verführungsdrama genauer an.

KAPITEL 7

Verführer und Verführte

Schalten Sie den Fernseher oder Ihr Radio ein, schlagen Sie eine Illustrierte auf und lesen Sie die Ratschläge der Briefkastentante und die Neuigkeiten der Psychologen, Rechtsanwälte, Ehe- und sonstigen Berater, gehen Sie in eine Buchhandlung und arbeiten Sie sich durch die endlosen Regale von Wie-lernt-man-dies- und Wie-macht-man-jenes-besser-Büchern hindurch, und Sie werden mir zustimmen: Wir leben im »Lebenshilfe-Zeitalter«.

Es ist ein typisches Phänomen unserer Zeit. Wir leben heute in einer Überredungs- und Manipulationskultur wie seit den Tagen eines Perikles und Sokrates nicht mehr, als die Redekunst das Feld beherrschte. Fortschritte in den Techniken der Manipulation wie in der Technologie der Kommunikation vereinigen sich zu einer tödlichen Kombination, die in das Herz unserer Denk- und Entscheidungsfähigkeit zielt.[1] Neueste Kommunikationstechniken und raffinierte Manipulationsmethoden lassen die Botschaft der Verführer zur gekonnten Seelenmassage werden, die künstliche Bedürfnisse, kontrollierte Sehnsüchte und eine Verwirrung der Werte schafft.

Dem religiösen Demagogen geht es um Atmosphäre, nicht um Präzision. Er will überreden, nicht nüchtern informieren. Mit einem großen Getöse aus Worten, Slogans und Parolen, die das »Establishment« schlechtmachen, spricht er die Frustration der Nichtgeheilten an:

»Haben die Ärzte dich geheilt?«

»Nein.«

»Hat die Kirche dich geheilt?«

»Nein.«

Noch überzeugender klingt die Botschaft im Fernsehen. (Bei uns in Amerika spielen private religiöse Sender eine große Rolle.) Wir haben dem Fernsehen den Status eines Orakels verliehen, eine Aura der Allwissenheit und Unfehlbarkeit. Nach Harvey Cox von der Harvard Divinity School bedeutet die bloße Tatsache, daß ein Prediger im Fernsehen spricht, eine Art Gütestempel für den Wahrheitsanspruch seiner Äußerungen, eine psychologische Verstärkung einer Art, wie Demagogen und Werbefachleute sie nur zu gut beherrschen. Die Wohlstandspropheten haben diesen TV-Faktor schon früh erkannt und sich zunutze gemacht. Cox wörtlich über die Macht des Fernsehens:

> Das Fernsehen erreicht uns auf einer Bewußtseinsebene unterhalb der kritisch konzentrierten Intelligenz. ... Zudem ist die Technologie der Massenmedien eine »Einbahnstraße«. Sie macht uns alle zu schweigenden Konsumenten ihrer Bilder und Wertvorstellungen. ... Die Menschen werden von der gegenwärtigen Medientechnologie dazu ermuntert, »Hörer« und »Zuschauer« zu werden, Verbraucher, nicht Schöpfer. ...
>
> Aber es ist ein Prozeß der Verführung. Echte menschliche Bedürfnisse werden für Zwecke ausgebeutet, die der Erfüllung des Zuschauers fernliegen. ...
>
> In einer Kultur, die von Massenmedien überschwemmt ist, werden Menschen von ihnen nicht bloß informiert und unterhalten. Bald beginnen sie auch, die Bedeutung und in einem gewissen Sinn sogar die Wirklichkeit von Ereignissen auf der Basis zu beurteilen, ob sie durch eine Zeitschrift oder durchs Fernsehen davon erfahren. ... Die Men-

schen beginnen ihren eigenen Gedanken und Impulsen zu mißtrauen, wenn sie nicht von den Medien erhärtet werden. . . . Die Signale beginnen nicht nur vorzuschreiben, was gut und wahr ist, sondern auch was wirklich ist.[2]

Viele der Menschen, die Kranken falsche Erwartungen und einen irrigen Glauben einreden, tun dies mit den besten Absichten. Sie glauben das, was sie da lehren, selber, sie meinen es ehrlich gut. Andere sind weniger ehrlich. Cox merkt an, daß

die großen Verführer der Geschichte alle eines gemeinsam hatten: Sie verstanden es, die natürlichen Bedürfnisse und Instinkte anderer Menschen für ihre eigenen selbstsüchtigen Ziele zu gebrauchen. Verführer benützen die Sprache und Gestik des Dialogs, des Vertrauens, der Intimität und der persönlichen Beziehung mit vollendetem Geschick. Das tun sie jedoch nicht, um persönliche Nähe zu entwickkeln, sondern um sie zu zerstören. Sie wollen nicht menschliche Gemeinschaft pflegen, sondern sie wollen sie unterminieren. Verführung ist die gemeinste Form der Ausbeutung, denn sie bringt das Opfer dazu, unwissentlich zum Komplizen der eigenen Täuschung zu werden.[3]

Die Anhänger des Verführers legen diesem magische Kräfte bei. Er spricht die Sehnsucht nach Gewißheit an, die in uns allen wohnt. Er ist der Vereinfacher, der große Wisser, bei dem kein Zweifel möglich ist. Er spricht an Gottes statt; des Herrn Worte sind in seinem Mund. Er führt durch Slogans und Versprechungen. Siegmund Freud stellt fest:

Mit Vernunft und Argumenten kann man gegen gewisse Worte und Formeln nicht ankämpfen. Man spricht sie mit Andacht vor den Massen aus, und sogleich werden die Mienen respektvoll, und die Köpfe neigen sich. Von vielen werden sie als Naturkräfte oder als übernatürliche Mächte betrachtet.[4]

Ein weiteres Phänomen der Verführung der Kranken ist die guruartige Unantastbarkeit der Person des Verführers. Seine Anhängerschar legt ihm eine Unfehlbarkeit bei, die gewisse Ungereimtheiten wie Ehebruch oder Betrug großzügig bemäntelt. Da verkündet der Guru, wie vor nicht langer Zeit geschehen, daß ein bekannter prominenter Christ von seinem Krebs geheilt ist; sollte kurz darauf der »Geheilte« sterben, macht das gar nichts; die wildesten Erklärungen werden in die Welt gesetzt und akzeptiert, die Glaubwürdigkeit des Heilers erleidet keine Schramme.

Wie so etwas möglich ist? Ganz einfach: Breche ich den Bann und schicke den Guru in die Wüste, muß ich ja auch meinen Traum aufgeben – den lieben Traum vom großen Wohlstands- und Gesundheitsglück. Ich brauche meinen Guru, um meine Träume festzuhalten. Hören wir wieder Freud:

> Selbst zu allen Extremen geneigt, wird die Masse auch nur durch übermäßige Reize erregt. Wer auf sie wirken will, bedarf keiner logischen Abmessung seiner Argumente, er muß in den kräftigsten Bildern malen, übertreiben und immer das gleiche wiederholen.[5]

Aber warum werden wir so leicht von den Versprechungen der Wohlstandsprediger verführt? Warum folgen wir ihnen selbst dann noch, wenn sie sich längst diskreditiert haben? Diese Fragen können wir nur beantworten, wenn wir uns klar darüber sind, daß das menschliche Herz ein verführbares Ding ist. Schon Adam und Eva glaubten bereitwillig der Lüge. Unsere Fähigkeit zum Selbstbetrug ist schier unerschöpflich, wie schon Demosthenes wußte: »Nichts ist einfacher als der Selbstbetrug. Denn was der Mensch sich wünscht, das hält er auch für wahr.«

Wie die Hypnose, so ist auch jede Verführung letztlich Selbstverführung. Niemand kann uns verführen, wenn wir nicht – wie unbewußt auch immer – mitmachen. Die Worte Paul Tillichs sind hart, aber wahr:

> Alle Menschen wünschen sich falsche Propheten, Propheten, die, wenn sie ihre Götter preisen, die Menschen verherrlichen, die diesen Göttern dienen. Die Menschen möchten gern bestätigt werden in ihren Wünschen und Tugenden, ihren religiösen Gefühlen und ihrem sozialen Handeln, in ihrem Willen zur Macht und ihren utopischen Hoffnungen, ihrem Wissen und ihrer Liebe, ihrer Familie und Rasse, ihrer Klasse und Nation. Und ein falscher Prophet läßt sich immer finden, der den Gott-Dämon, den sie anbeten, preist.[6]

Kurz: *Jeder Götze hat seinen Guru.*

Diese Führer und Verführer kitzeln nichts Neues aus den Seelen der Menschen heraus; hier liegt ihr Erfolgsgeheimnis nicht. Man ist sich allgemein einig, daß Freud recht hatte, als er sagte: »Die Mehrzahl unserer alltäglichen Handlungen ist nur die Wirkung verborgener, uns entgehender Motive.«[7] Der Erfolg der Gurus liegt genau darin, daß ihre Botschaft diese verborgenen Motive anspricht. Sie versprechen uns die Befriedigung unserer tiefen Ur-Sehnsüchte – der Sehnsucht nach Freiheit von Schmerz und Elend, Tod und Unglück, der Sehnsucht nach dem großen Glück, das mir keiner mehr nehmen kann. Larry Crabb bringt es auf den Punkt, wenn er sagt: »Das Wohlstands- und Gesundheitsevangelium spricht unsere verständliche Sehnsucht nach Befreiung an, indem es den Ruf ins Leiden überspringt ... *Aber wir können dem Schmerz in unserer Seele nicht entfliehen, wir können ihn nur verdrängen.«* (Hervorhebung von mir)[8]

Es kann einem echt angst werden in unserer Welt. Wenn wir wüßten, wie nahe wir an jedem Tag dem Tod kommen, wir würden verrückt; und es gibt denn auch eine Theorie, die besagt, daß die Wahnsinnigen die eigentlich Normalen sind – diejenigen, die die Welt so sehen, wie sie wirklich ist, und die unter dieser Last der Realität zusammenbrechen. Für den Psychologen Otto Ranke waren »neurotische« Menschen »solche, die ohne Illusionen waren, die die Dinge so sahen, wie sie waren, die von der Zerbrechlichkeit der menschlichen Existenz überwältigt wurden«.[9]

Und wie schützt man sich davor, wahnsinnig zu werden? Indem man so tut, als ob. »Lebenslüge«, »Lebensillusion«, »Flucht vor der Wirklichkeit« – das Scheuklappenspiel der Verdrängung der unangenehmen und unerträglichen Seiten der Wirklichkeit hat die verschiedensten Namen. Wir leben in einer Welt der selbstgeschaffenen Ängste und Sehnsüchte; sie ist das Kissen, das wir brauchen, um von den Spitzen und Kanten des Lebens nicht wundgerissen zu werden. Wir reden uns ein, daß es schon nicht so schlimm sein wird, daß wir doch eigentlich ganz zufrieden sind, daß unsere Wunden nicht so tief sind und unser Schmerz nicht so groß. Wir verdrängen die Wirklichkeit und nennen das »Glauben«, weil wir nicht zu viel Wahrheit auf einmal ertragen können. Unsere Lebenslüge hält uns die Welt vom Leib.

Und für manche Menschen gehört es zu diesem Schutzmechanismus, daß sie sich in ein Gesundheits- und Wohlstandsevangelium flüchten.

Es ist traurig, aber vieles im heutigen Christentum unterstützt das Verdrängspiel der Lebenslüge noch. Ich bin in einer sehr konservativen Gemeinde aufgewachsen, unter einem dynamischen Pastor, der sehr viel über die Wiederkunft Christi predigte. Alle nötigen Prophetien, so hieß es, waren erfüllt, Jesus konnte jeden Augenblick wiederkommen. Wieder und wieder beteuerte der Pastor, daß die Wiederkunft Christi kurz bevorstehe, ja er war überzeugt, daß er die Entrückung persönlich miterleben würde. Nun, wenn er, der doch viel älter war als ich, bei der Entrückung dabeisein würde, dann ich ja wohl erst recht – und ohne daß ich es selber merkte, verwandelte mein Glaube an das baldige Kommen Christi sich aus einer theologischen Überzeugung in eine Realitäts- und Verantwortungsflucht. Was brauchte ich mich in meinem Studium anzustrengen, wenn Jesus doch vor meinem Examen sicher längst wiedergekommen sein würde? Rentenversicherung, ans Alter denken – unnötiger Ballast für Ungläubige! Mich sozial engagieren oder mir den Kopf damit vollstopfen, was alles in meiner Welt geschah – reine Zeitvergeudung! Und so machte ich es mir, in den Worten von Van B. Weigal, »auf der Tribüne von Harmageddon bequem und wartete auf das große Finale.«[10]

Der Autor des Hebräerbriefes faßt all dies zusammen, wenn er dieses über den Tod Jesu Christi schreibt: »Weil nun die Kinder von Fleisch und Blut sind, hat auch er's gleichermaßen angenommen, damit er durch seinen Tod die Macht nähme dem, der Gewalt über den Tod hatte, nämlich dem Teufel, und die erlöste, *die durch Furcht vor dem Tod im ganzen Leben Knechte sein mußten*« (Hebräer 2,14-15; Hervorhebung von mir). Man beachte hier, daß es nicht der Tod selber ist, der die Menschen versklavt (zu »Knechten« macht), sondern die *Angst* vor dem Tod.

Im Garten Eden sagte Gott zu Adam: »Aber von dem Baum der Erkenntnis des Guten und Bösen sollst du nicht essen; denn an dem Tage, da du von ihm issest, mußt du des Todes sterben« (1. Mose 2,17). Adam, der den Tod nie gesehen hatte, wußte damals noch gar nicht, was der Tod war. Das änderte sich nach dem Sündenfall. Adam aß von dem Baum, um ein Wissender zu werden, und das Wissen, das er bekam, fraß ihn innerlich auf und füllte ihn mit Angst und Schrecken. Jetzt *wußte* er (zu spät), was der Tod war und daß er ihm nicht entrinnen konnte. Adam lernte den Tod und das Blutvergießen kennen, als Gott ein Tier tötete, um mit seinem Fell seine Nacktheit zu bedekken. Für den Rest seines Lebens trug Adam den Tod als Gewand auf seinem Leib.

Wie wir alle. Die Strafe für unsere Sünde ist nicht bloß der Tod, sondern die *Kenntnis* des Todes. Der Mensch ist das einzige Gottesgeschöpf, das darum weiß, daß es einmal sterben muß. *Das* ist das furchtbare Gottesgericht: daß wir unser ganzes Leben lang wissen, daß wir Todgeweihte sind. Was kann da noch anderes für uns zählen, als diesem Schicksal zu entkommen oder es wenigstens aufzuschieben? Die Angst vor dem Tod »verfolgt das Menschentier wie nichts anderes; sie ist die große Quelle des menschlichen Tuns – eines Tuns, das zum Großteil dazu dient, der Unabwendbarkeit des Todes zu entrinnen, ihn dadurch zu überwinden, daß man auf irgendeine Art leugnet, daß er die Bestimmung des Menschen ist«[11].

Daß so viele Menschen sich von dem Wohlstandsevangelium verführen lassen, beruht nicht auf Hexerei. Wenn ich ein brennendes Streichholz in den Benzintank meines Autos werfe, werden Sie wahrscheinlich fluchtartig in Deckung gehen. Warum? Weil in dem Tank etwas ist, das auf Feuer ausgesprochen explosiv reagiert. Werfe ich das Streichholz dagegen in einen Wasserbehälter, wird niemand davonrennen; das Streichholz ist nur gefährlich, wenn Benzin in dem Tank ist. Und im Tank des menschlichen Herzens ist jede Menge »Benzin«, um das Streichholz des Wohlstandsevangeliums zünden und die Kranken verführen zu lassen.

Und jetzt möchte ich zu etwas kommen, was meiner Überzeugung nach zur absoluten Grundausrüstung des Christen gehört.

Als ich Theologie studierte, belegte ich auch Seminare über Bibelauslegung. Der Fachausdruck dafür ist *Hermeneutik* – die Wissenschaft von den Regeln der Bibelauslegung. Meist studieren nur Pastoren und Prediger diese Regeln, aber wenn wir wahrhaft »in der Schrift suchen« wollen, brauchen auch wir diese Werkzeuge. Jeder Christ sollte mit ihnen vertraut sein, so daß er die Bibel selbständig auslegen kann, und besonders akut wird dies bei der Frage: »Wird Gott mich heilen?«, denn gerade der kranke Christ wird oft mit Hunderten von Bibelversen bombardiert. Es muß nicht sein, daß ich keinen Glaubensschritt tun kann, ohne irgendwelche Autoritäten zu befragen; mit ein paar einfachen Auslegungsregeln kann ich selber wissen, was die Bibel wirklich sagt.

ZWEITER TEIL

So auch die Religion:
Wie groß der Irrtum sei, ein ernstes Haupt
wird finden einen Text, der dazu paßt,
mit schöner Worte Glanz den Fehler deckt.

Shakespeare, *Der Kaufmann von Venedig*

Es gibt keinen Unfug, keine Gott verunehrende Irr-
lehre, keine Scheußlichkeit, keinen priesterlichen Bu-
benstreich, für den nicht ein versklavtes Hirn Kapitel
und Vers zitieren könnte.

Edward White, *Inspiration*

Bemühe dich darum, dich vor Gott zu erweisen als
einen rechtschaffenen und untadeligen Arbeiter, der
das Wort der Wahrheit recht austeilt.

2. Timotheus 2,15

KAPITEL 8

Vom rechten Umgang mit dem Wort der Wahrheit

In Arkansas, wo ich aufgewachsen bin, betrachten viele Leute das »Saurufen« als große Kunst. »Saurufen« – das heißt, daß der Schweinezüchter die zufrieden sich in der Landschaft suhlenden Tiere an den Futtertrog ruft. Heute ist diese Sitte im Alltag eher zurückgegangen, aber es gibt noch jedes Jahr Sauruf-Wettkämpfe, bei denen die Echos meilenweit durch die Täler schallen: »Wuuuh, Sau! Sääuli! Wuuuuh, SAU!« Und wer sich im Zehn-Meilen-Umkreis eines Football-Spiels der Arkansas University befindet, der kann ein wahres Trommelfeuer von Saurufen der begeisterten Fans mit ihren knallroten »Razorback«-Plastikhüten hören: »Wuuuh, Sau! Sääuli!« Sie feuern ihre Mannschaft, die Arkansas Razorbacks, an, und ein Razorback, das ist eine dünne, langbeinige, halbwilde Mischlingssau von unberechenbarem Temperament.

Einmal geschah es, daß ein Schweinezüchter seine Stimme verlor, was ihn nicht nur von dem jährlichen Wettkampf ausschloß, sondern es ihm auch unmöglich machte, seine Tierchen zum Füttern zu rufen. Aber erfinderisch wie er war, löste er das Problem: Er brachte seinen Schweinen bei, auf das Schlagen eines Stocks gegen einen Baum zu hören. Jeden Tag eilten die gehorsamen Oinker pünktlich zum Futterschlagen aus ihren Suhlen herbei an den Trog.

Es war ein großer Erfolg – bis der Züchter eines Tages, als er wieder seine Lieben füttern gehen wollte, ein Chaos aus wild grunzend und oinkend und schweißbedeckt vom einen Baum zum anderen laufenden Schweinen vorfand; mehrere waren vor Erschöpfung zusammengebrochen. Eine Minute, und der Farmer war im Bilde, was geschehen war: Ein Schwarm von Spechten hatte sich laut hämmernd auf die Bäume der Farm gestürzt, und die Schweine rannten dem Geräusch hinterher, um ihr wohlverdientes Futter zu bekommen.

Eine wahre Geschichte? Vielleicht, vielleicht auch nicht. Aber ich habe keine Zweifel, daß die Lehre, die wir ihr entnehmen können, wahr ist. Viele Christen sind nämlich gerade so wie diese unglücklichen Schweine: verwirrt und frustriert und erschöpft rennen sie von einer Stimme zur anderen, um Futter zu kriegen, das gar nicht da ist. Und manche der Stimmen sind wirklich Spechte, und die Stämme, auf die sie trommeln, sind hohl.

Es gibt nichts, was es nicht gibt auf dem religiösen Markt. 24 Stunden pro Tag prasselt das Angebot allein im Fernsehen auf den empfangsbereiten Amerikaner herab. Christliche Buchhandlungen platzen aus den Nähten, und ein rechter Pastor hat eine »Kassettenmission«. Als ich mich kürzlich an einem Sonntagmorgen zum Gottesdienst anzog, schaltete ich den Fernseher ein, um zu sehen, was die Konkurrenz zu bieten hatte. Die meisten Sendungen waren natürlich, wie sich das sonntags in Amerika gehört, religiös. Ich schaute zu, wie ein Pastor seine Gemeinde zur »Abwärtsmobilität« aufrief. Anstatt immer mehr Güter anzusammeln, sollten sie sie abgeben. Angesichts des Hungers in der Welt, so sagte er, sollte man als Christ mit seinem Geld lieber Nahrungsmittel für hungernde Kinder kaufen als ein noch dickeres Auto oder größeres Haus. Die Zuhörer saßen schweigend und sichtlich nervös da.

Ich schaltete auf einen anderen Kanal. Ein anderer Pastor, eine andere Botschaft: »Gott will, daß es seinen

Kindern gutgeht! Gesundheit und Wohlstand sind das göttliche Vorrecht aller Christen!« Die Zuhörer riefen »Preist den Herrn!« und klatschten begeistert in die Hände.

Kein Wunder, wenn die Leute nicht mehr wissen, was sie glauben sollen, besonders wenn es um Krankheit und Heilung geht. Ein Babel von Stimmen, und alle behaupten sie, uns die Wahrheit zu bringen – wie sollen wir da noch wissen, was wirklich in der Bibel steht? Gibt es einen Ausweg?

Paulus bietet uns in 2. Timotheus 2,15 Hilfe an: »Bemühe dich darum, dich vor Gott zu erweisen als einen rechtschaffenen und untadeligen Arbeiter, der das Wort der Wahrheit recht austeilt.«

Jede Lehre ist nur insofern wahr, als sie biblisch fundiert ist. Der Ausdruck »austeilen« übersetzt ein griechisches Wort, das soviel bedeutet wie: »entlang einer geraden Linie schneiden«, »eine gerade Straße durch unwegsames Gelände bahnen« (Elberfelder: »... der das Wort der Wahrheit in gerader Richtung schneidet«). Es bedeutet: »den Weg in die Gegend in gerader Richtung schneiden lassen oder den Weg in das Gelände in gerader Richtung einschneiden, so daß keine Umwege zum Ziel nötig sind«.[1]

Richard Mayhew führt aus: »Das Wort beschrieb die Arbeit des Priesters, der nach göttlicher Anweisung die Opfertiere aufschnitt, aber auch den Bauern, der gerade Furchen pflügte, den Steinmetz, der große Steinblöcke so behaute, daß sie in die Wand eines Gebäudes paßten, sowie den Schneider oder Zeltmacher, der seine Stoffbahnen zurechtschnitt. *Der springende Punkt war jeweils die Präzision der Arbeit.*« (Hervorhebung von mir)[2]

Präzision erfordert Arbeit. Ein »Arbeiter« soll der junge Timotheus sein. »Tu dein Bestes«, sagt Paulus ihm, »setze dich ganz ein, sei fleißig, gewissenhaft, beharrlich.« Verantwortungsbewußter Umgang mit dem Wort der Wahrheit erfordert harte Arbeit. Solide, präzise Bibelauslegung ist nicht einfach, man kann sie nicht mit dem kleinen Finger erledigen.

Wahrheit will reifen, und das braucht Zeit. Zeugung und Geburt geschehen nicht gleichzeitig; der Embryo braucht seine Zeit, um sich zu entwickeln. Manchmal gibt ein Pastor eine Wahrheit gleichsam unbesehen, »aus zweiter Hand« weiter, ohne abzuwarten, ob sie sich in seinem eigenen Leben bestätigt, oder ohne sich die Mühe zu machen, ihr selber im Wort Gottes nachzuspüren und zu prüfen, ob sie wirklich eine Wahrheit ist. Jemand hat einmal gesagt: »Manche Prediger sind wie schlechte Fotos: überbelichtet und nicht richtig entwickelt.«

Wie war das bei der Verklärung Jesu? Er hatte Petrus, Jakobus und Johannes mit sich auf den Berg genommen; sie waren die Exklusivzeugen dieser über alle Worte heiligen, majestätischen Szene. Was für ein Stoff für eine Sofortreportage, eine sensationelle Predigt! Aber die Bibel berichtet uns: »Als sie aber vom Berge hinabgingen, gebot ihnen Jesus, daß sie niemandem sagen sollten, was sie gesehen hatten, bis der Menschensohn auferstünde von den Toten« (Markus 9,9). Jesus übte sich in Zurückhaltung und wartete den rechten Zeitpunkt ab, und von seinen Jüngern verlangte er das gleiche. Er wußte, daß seine kleine Anhängerschar und die Öffentlichkeit nicht die geistliche Reife hatten, um dieses heilige Geschehen recht zu würdigen. Es würde mehr Zeit und Erfahrung brauchen, bis das Erzählen dieser Szene geistlich fruchtbar würde (vgl. 2. Petrus 1,16-18). Wir sind zu schnell dabei, aus Erfahrungen Dogmen zu machen.

Gott hat gesprochen; was hat er gesagt?

Die Bibel ist das Produkt von Offenbarung und Inspiration. Gott hat sich dem Menschen durch seine Taten geoffenbart, und die Inspiration des Heiligen Geistes setzte den Menschen in den Stand, diese Offenbarung aufzuzeichnen. Und was der Geist inspiriert hat, das beleuchtet er auch; ohne dieses Licht ist ein korrektes Verständnis der Heiligen Schriften nicht möglich. Doch ein unsolides Vorgehen bei der Bibelauslegung kann das Wirken des Geistes blockieren.

Um gewissenhaft mit dem Wort der Wahrheit umzugehen, müssen wir solide Auslegungsprinzipien haben und diese treu anwenden. Die beim Thema »Krankheit und Heilung« heute herrschende Verwirrung würde sich zum größten Teil auflösen, wenn man sich nur an die Grundregeln der Bibelauslegung halten würde. Die meisten der Irrtümer der Wohlstands- und Gesundheitstheologie sind ein Ergebnis der Verletzung dieser Regeln. Clark Pinnock schreibt:

> Je weiter entfernt Zeit und Kultur des Textes von unserer eigenen sind, um so dringender brauchen wir Grundregeln der Auslegung ... Weil es möglich ist, die Schrift zu verdrehen und falsch zu handhaben (2. Petrus 3,16.17; 2. Korinther 2,17), müssen wir uns unbedingt um die Einhaltung solider hermeneutischer Regeln bemühen. Eine ungenaue Hermeneutik kann ein Deckmantel für eine auf verdrehter Schriftauslegung beruhende Leugnung biblischer Lehre sein. *Eine an sich orthodoxe Einstellung zur Bibel wird gleichsam kurzgeschlossen durch eine sinnwidrige Auslegung.* (Hervorhebung von mir)[3]

Bevor wir uns den folgenden Kapiteln zuwenden, möchte ich den Leser bitten, mich recht zu verstehen. Ich möchte nicht gemein oder nachtragend sein, wenn ich das Gesundheits- und Wohlstandsevangelium (health and wealth gospel) kritisch unter die Lupe nehme. Ich habe liebe Freunde und Verwandte, die Anhänger dieser Lehre sind. Aber ich muß John Stott recht geben, der gesagt hat: »Wir müssen den Mut haben, das Gesundheits- und Wohlstandsevangelium abzulehnen. Es ist ein falsches Evangelium.«[4]

KAPITEL 9

Auf geradem Kurs (Teil 1)

Unsere Familie hatte einmal eine Farm in Arkansas (wir nannten sie »Farm« mangels eines besseren Ausdrucks; bewirtschaften taten wir sie nicht). Vor etlichen Jahren ließen wir eine Straße anlegen, die von dem See bis zum Ende unseres Besitzes führte – etwa eineinhalb Meilen durch stark bewaldetes Terrain. Ein paar Tage bevor die Planierraupe kam, verbrachten mein Bruder und ich einen ganzen Tag damit, ausgewählte Bäume mit roten Stoffstreifen zu versehen, um den Verlauf der neuen Straße zu markieren. Die roten Streifen erlaubten es dem Mann auf der Planierraupe, einen geraden Weg durch den Wald zu schneiden und am richtigen Ziel anzukommen.

Im letzten Kapitel sprachen wir über 2. Timotheus 2,15, wo Paulus den jungen Timotheus ermahnt, »das Wort der Wahrheit recht auszuteilen«, und sahen, daß »austeilen« hier ein griechisches Wort übersetzt, daß »entlang einer geraden Linie schneiden« bzw. »eine Straße durch unwegsames Gelände bahnen« bedeutet. Als mein Bruder und ich dort die roten Streifen an den Bäumen befestigten, illustrierten wir in einem sehr wörtlichen Sinne, was es heißt, mit dem Wort der Wahrheit recht umzugehen. Die Regeln der Bibelauslegung sind wie diese Markierungen; sie halten uns auf dem richtigen Weg zum rechten Verständnis des Wortes der Wahrheit. Sie sind uns Führer durch die Bibel.

1. Gott hat sich den Menschen offenbart, und die Bibel ist die Aufzeichnung dieser Offenbarung. Sie ist daher, als das Wort Gottes, unsere einzige Autorität

Als ich ein Teenager war, gab es einen neuen Schlager. Er hieß »It's in the book!« (»Es steht in dem Buch!«), und dieser Satz wurde ständig wiederholt. Bald konnte man es an jeder Straßenecke hören: »It's in the book! It's in the book!«

Und die Frage, die wir an jede christliche Lehre stellen müssen, lautet: »Steht das in dem Buch?«, denn wir betrachten die Bibel als *sola fidei regula*, als die alleinige Richtschnur des Glaubens und Gottes allein maßgebendes Wort an den Menschen. Die volle und endgültige Offenbarung Gottes ist in der Bibel aufgeschrieben, und außerhalb dieses Wortes gibt es keine gültige Offenbarung. Alles muß sich an dem, was in der Bibel steht, messen lassen. Das letzte Wort zu einer Lehrfrage ist nicht eine Erfahrung, eine Beobachtung oder ein Gefühl, auch nicht ein Wort der »Prophetie« von heutigen Propheten.

Um mit dem Wort Gottes richtig umgehen zu können, müssen wir es gleichsam fest in der Hand halten. Wenn wir es nur lose halten, werden wir es falsch deuten.

Ich kann die Wichtigkeit dieses ersten Prinzips nicht genug betonen. Wer hier fehlgeht, wird überall fehlgehen. Es ist wie beim Zuknöpfen eines Hemdes: Schiebt man den ersten Knopf in das falsche Knopfloch, knöpft man das ganze Hemd schief.

Sie denken jetzt vielleicht: »Das weiß doch jeder«, aber offenbar weiß es eben nicht jeder – oder er weiß es, aber kümmert sich nicht darum. Überall in der heutigen Christenheit finden wir eine schleichende Aushöhlung dieses Prinzips. Eine bekannte Autorin schreibt, daß der Heilige Geist seine Offenbarung nicht auf die im alt- und neutestamentlichen Kanon enthaltenen Wahrheiten beschränkt habe[1], daß es also heute Offenbarungen gebe, die genauso gültig und inspiriert sind wie die in der Bibel. Dergleichen leichtfertige Äußerungen öffnen Verwirrung, Mißverständnissen und Irrlehre Tür und Tor. Sie sind ein Freibrief für jeden, der »im Namen des Herrn« daherkommt, und schaffen ein theologisches Chaos.

Tatsache ist: Der Heilige Geist *hat* seine Offenbarung auf den Kanon des Alten und Neuen Testaments beschränkt. Ein Kanon – das ist eine Regel, ein Gesetz, ein Maßstab, nach dem etwas gemessen wird. Die Bibel ist der Maßstab des christlichen Glaubens, und dieser Maßstab ist abgeschlossen und vollständig.

Judas schreibt zu Beginn seines Briefes: »Ihr Lieben, nachdem ich ernstlich vorhatte, euch zu schreiben von unser aller Heil, hielt ich's für nötig, euch in meinem Brief zu ermahnen, daß ihr für den Glauben kämpft, der ein für allemal den Heiligen überliefert ist« (Judas 3).

Man beachte hier die Formulierung »ein für allemal den Heiligen überliefert«. »Der Glaube« bezieht sich dabei auf die Gesamtheit der christlichen Wahrheiten, die ganze Offenbarung Gottes an den Menschen. Der bestimmte Artikel, »der«, zeigt, daß dies der eine und einzige Glaube ist; es gibt keinen anderen.

»Ein für allemal« heißt, daß keine Wiederholung oder Ergänzung notwendig ist. Und für »überliefert« steht im Griechischen ein Partizip, das Vollendung und Abschluß bedeutet; es bezeichnet die Weitergabe autorisierter Überlieferungen in Israel, und Judas sagt hier, daß die apostolische Tradition normativen Charakter für das Volk Gottes hat.

Die Bibel ist der einzige objektive Teil unseres Glaubens; der Rest ist subjektiv und wird leicht mißverstanden. In St. Louis sagte mir einmal jemand: »Mir ist egal, was die Bibel sagt, ich habe etwas erlebt.« Sicher wollte er es eigentlich anders ausdrücken.

Peter Donovan hat recht, wenn er feststellt, daß »heutzutage religiöse Erfahrungen mehr öffentliches Interesse erregen als religiöse Lehren oder Theologie«.[2] Erfahrungen können tief überzeugend wirken – aber als verläßliche Interpreten religiöser Wahrheiten taugen sie nicht, ja sie können glatt in die Irre führen.

Warum dies? Nun, wir können selbst unsere eigenen Erfahrungen nicht immer richtig deuten; es ist ein tiefer Unterschied, ob ich »mir sicher bin« oder ob ich »recht habe«. Und auch die Erfahrungen unserer Mitmenschen deuten wir nicht immer richtig. Als Jesus zum Beispiel in Johannes 12 seinen Vater bittet, seinen Namen zu verherrlichen, antwortet eine Stimme vom Himmel: »Ich habe ihn verherrlicht und will ihn abermals verherrlichen.« Die Umstehenden sind sich nicht einig, was sie da gehört haben. Die einen sagen: »Es hat gedonnert«, die anderen: »Ein Engel hat mit ihm geredet« (Johannes 12,28-29).

Nichts ist natürlicher und menschlicher als unser Durst nach Wissen und Erkenntnis. Jeden Weg, der dorthin zu führen scheint, probieren wir aus, und wo der Verstand nicht weiterführt, verlegen wir uns auf den undeutlicheren Weg der Erfahrung. Der Theologe J. I. Packer schreibt:

> *Erfahrung* ist ein Chamäleonwort, und in den *Erfahrungen* ... des nur teilweise geheiligten Sünders ist dem Gold unweigerlich Schlacke beigemischt. Keine *Erfahrung* weist sich durch ihr bloßes Vorhandensein als von Gott zur Beförderung seines Heilshandelns geschenkt aus. Die bloße Tatsache, daß ein Christ eine Erfahrung macht, macht diese noch nicht zu einer christlichen Erfahrung.[3]

Packers letzter Satz ist es wert, hervorgehoben zu werden; nicht alles, was der Christ erlebt, muß eine *christliche* Erfahrung sein.

Viele Phänomene, die Christen erfahren haben wollen, werden auch von Nichtchristen erfahren. Christen wie Nichtchristen berichten von Erfahrungen jenseits der Todesschwelle, und die Anthropologen wissen, daß solche Dinge wie Zungenreden von Priestern, Visionen, Prophezeiungen, Heilungen, Austreibungen feindlicher Geister auch in heidnischen Stammesreligionen anzutreffen sind. Was nicht bedeutet, daß alle ähnlichen Phänomene unter Christen falsch sind, sondern einfach, daß solche Erfahrungen eben nicht automatisch von Gott kommen.

Dann die bekannte Neigung, unsere Erfahrungen zum Maßstab für den Rest der Welt zu machen: Wenn Gott mich geheilt hat, wird er auch dich heilen; er hat mich reich gemacht, also will er, daß alle seine Kinder reich sind. Wir erklären das außergewöhnliche Wirken Gottes im Leben der Person X flugs zur Norm für jeden Christen.

Oft zeigt man auf die Apostel: »Wenn Gott das bei denen getan hat, tut er es auch bei uns.« Aber die Lehre der Kirche basiert nicht auf dem, was die Apostel erfahren, sondern auf dem, was sie *gelehrt* haben. Paulus hatte auf dem Weg nach Damaskus ein hochdramatisches Bekehrungserlebnis, aber es wäre töricht, wollte man verlangen, daß jede »echte« Bekehrung ähnlich zu verlaufen hat.

Wer Erfahrungen über die Bibel stellt, steht letztlich in Gefahr, aus seiner Erfahrung ein Dogma zu machen. Wenn Gott tausend Krebskranke geheilt hat, bedeutet dies, daß er tausend Krebskranke geheilt hat – nicht mehr und nicht weniger. Es bedeutet nicht, daß er verpflichtet ist, auch Sie und mich zu heilen.

Eine weitere Gefahr, die es zu vermeiden gilt, sind die »abgeleiteten Lehren«: Aus einer biblischen Wahrheit wird eine logische Schlußfolgerung gezogen, die dann selber Wahrheitsstatus bekommt. J. Robertson McQuilkin beschreibt dies als

> ... Verletzung der Autorität der Schrift durch logische Ableitung aus eindeutigen biblischen Lehren. Solch eine Ableitung verletzt die Autorität der Schrift, wenn sie a) als unfehlbare Wahrheit behandelt wird oder – schlimmer – b) als Argument gegen andere, eindeutige biblische Lehren verwendet und somit zu einer außerbiblischen philosophischen Position wird, die die eindeutige Absicht des biblischen Autors untergräbt.[4]

Ein Beispiel für solche »abgeleiteten Lehren« ist die Verknüpfung der Glaubensheilung mit dem »besseren Bund« des Hebräerbriefs (Hebräer 7,22 u.a.): In Christus haben wir einen besseren Bund, und wenn Gott schon im Alten Bund Menschen heilte, wird er im Neuen, besseren ja wohl nicht weniger tun. Unser Bund ist »besser«; folglich gibt er uns all das, was es schon unter dem alten Bund gab, plus noch mehr dazu. Hier wird aus einer biblischen Wahrheit ein logischer Schluß gezogen, der als göttliche Offenbarung gehandelt wird, aber in Wirklichkeit rein menschliche Spekulation ist. Der Autor des Hebräerbriefs erwähnt jedenfalls die Glaubensheilung mit keinem Wort, und auch Jeremia nicht in seiner großartigen Prophezeiung des neuen Bundes (Jeremia 31,31-34).

Theo»logische« Schlußfolgerungen dieser Art versuchen, Gott in unsere Vorstellungen von »besser« hineinzuzwängen. Aber es ist immer ein Fehler, anzunehmen, daß Gott so denkt wie wir auch. Er hat ein völlig anderes Wertesystem. Bei Gott ist die Seele wichtiger als der Leib, Vergebung besser als Heilung, Heilsgewißheit besser als ein dickes Bankkonto.

Der Heilige Geist hat die inspirierte, unfehlbare Offen-

barung auf den alt- und neutestamentlichen Kanon beschränkt. »Die Funktion des Geistes«, schreibt Bernard
Ramm, »ist nicht, uns *neue* Wahrheiten zu zeigen oder uns
noch nicht Bekanntes zu lehren, sondern das, was in der
Schrift geoffenbart ist, zu beleuchten.«[5]
Der Geist beleuchtet nur das, was bereits in der Bibel
geschrieben steht. Er gibt uns die Weisheit, zu erkennen,
was *in* den Heiligen Schriften ist, und nicht, was außerhalb
ist. Durch sein Licht erkennen wir nicht nur, was geschrieben steht, sondern auch, wie wir es in unserem Leben
anzuwenden haben. Und: *Beleuchten ist niemals unfehlbar.*
Unfehlbar ist nur die Inspiration selber.

Der mittelalterliche Mystiker Hugo von St. Viktor sagte: »Zuerst lerne, was du glauben sollst, und dann gehe zur
Bibel, um es dort zu finden.« Leider ist dieser Satz immer
noch aktuell. Eine gute Faustregel scheint mir zu sein,
niemals mehr zu sagen als die Bibel. Wo die Bibel schweigt,
sollten auch wir schweigen. Der Puritaner John Trapp gab
diesen Rat: »Wo die Schrift keine Zunge hat, dürfen wir
keine Ohren haben.« Wer weiter geht als die Bibel, der
geht zu weit.

2. Das Kernthema der Offenbarung ist unsere Erlösung

In der Bibel geht es um die Wahrheit aller Wahrheiten.
Paulus schreibt dem jungen Timotheus, daß die Schrift
dazu da ist, uns »weise zu machen zur Rettung«, und fährt
fort: »Alle Schrift ist von Gott eingegeben und nützlich
zur Lehre, zur Überführung, zur Zurechtweisung, zur
Unterweisung in der Gerechtigkeit, damit der Mensch
Gottes richtig sei, für jedes gute Werk ausgerüstet« (2. Ti-

motheus 3,16 Elberfelder). Die Schrift ist also zum Evangelisieren und inneren Auferbauen da.

In manchen Kreisen jedoch wird heute der biblische Ruf zur Buße vor Gott, zum Glauben an den Herrn Jesus Christus und zum Gehorsam gegenüber der Leitung des Heiligen Geistes überlagert von Parolen wie »Jesus will dich heilen« oder »Gott will, daß du glücklich wirst«.[6]

Als ich ein Junge war, hielt ein Prediger, dessen Spezialgebiet die Prophetie war, eine Bibelwoche in unserer Gemeinde. Er glaubte, daß einige schwerverständliche Stellen im Alten Testament die Reifenknappheit im Zweiten Weltkrieg, Panzer, U-Boote und Flammenwerfer vorhersagten, und ich erinnere mich, wie jemand sagte: »Das ist ein echt tiefgründiger Prediger.« Aber er war nicht tiefgründig, er war verworren. Gott hat Wichtigeres zu tun, als sich über Flammenwerfer auszulassen. Solch phantasievolles Jonglieren mit Gottes Wort ist schlichter Unfug. McQuilkin bringt es auf den Punkt:

> Daß das Ziel der Schrift unsere Erlösung ist, bedeutet, daß die Offenbarung begrenzt ist. Die Bibel will uns nicht alles und jedes lehren, was es über einen unendlichen Gott und sein Universum zu wissen gibt. Gott hat die biblischen Autoren nicht dazu inspiriert, eine lückenlose Chronik des Altertums zu liefern oder eine Komplettdarstellung des Wesens des Menschen. Die Bibel als Lehrbuch über Biologie, Psychologie oder Soziologie zu benutzen heißt sie mißbrauchen und ihre Autorität untergraben.[7]

Die Bibel ist nicht ein Handbuch über Wirtschaft, richtige Ernährung oder Politik. Sie gibt nicht vor, *alle* Wahrheiten über *alle* Dinge zu enthalten. Vieles von dem, was unsere Phantasie und Neugier anregt, wird in ihr nicht erwähnt – was ein weiterer Hinweis darauf ist, daß Gott ihr Autor ist. Vor über dreihundert Jahren sagte Descartes: »Wer aus der Heiligen Schrift das Wissen über Wahrheiten ableiten will, die allein zur menschlichen Wissenschaft gehören und nichts mit der Erlösung zu tun haben, der gebraucht die Schrift zu einem Zweck, für den Gott sie nicht gedacht hat, und das heißt, er mißbraucht sie.«

3. Gottes Offenbarung ist fortschreitend (kumulativ)

»Fortschreitende Offenbarung« – das heißt, daß Gott bei seiner Offenbarung jeweils auf das Erkenntnis- und Fassungsvermögen des Menschen eingeht. Er spricht in einer Sprache zu uns, die wir verstehen können. Ich kann zu einem Dreijährigen nicht so sprechen wie zu einem Dreißigjährigen, sondern muß mich auf das geistige Vermögen des Kindes einstellen. In der Bibel führt Gott den Menschen durch die »Kindheitszeit« des Alten Testamentes hin zum »Erwachsenenalter« des Neuen Testaments.

Fortschreitende Offenbarung heißt: wachsende Erkenntnis des im Kommen Christi gipfelnden Heilshandelns Gottes. Sie bedeutet, daß Gott dem Menschen immer nur soviel zeigt, wie er zu fassen vermag. Als das Menschengeschlecht noch jung war, führte Gott es langsam und vorsichtig voran, Schritt für Schritt.

Dies meinte Jesus, als er sagte: »Ihr sollt nicht meinen, daß ich gekommen bin, das Gesetz oder die Propheten aufzulösen; ich bin nicht gekommen aufzulösen, sondern zu erfüllen« (Matthäus 5,17). Er kam nicht, um das Gesetz abzuschaffen, sondern um es von der Knospe zur Blüte zu bringen. Das Gesetz war so, wie es war, schön und gut, aber es ging nicht weit, nicht hoch, nicht tief genug. »Als aber die Zeit erfüllt war«, schreibt Paulus in Galater 4,4 (Elberfelder: »als aber die Fülle der Zeit kam«). Die Zeit vor Jesus Christus war gleichsam die Grundschule der

Menschheit; mit Christus begann die Oberschule. Im Alten Testament lehrt Gott uns sein ABC, im Neuen sein XYZ. Der Hebräerbrief formuliert es so: »Nachdem Gott vorzeiten vielfach und auf vielerlei Weise geredet hat zu den Vätern durch die Propheten, hat er in diesen letzten Tagen zu uns geredet durch den Sohn« (Hebräer 1,1-2).

Die volle, endgültige, vollständige Offenbarung Gottes kam erst mit Christus. In ihm haben wir alles, was wir je über Gott wissen müssen – jedenfalls in dieser Welt.

Fortschreitende Offenbarung – dies bedeutet nicht außerbiblische Offenbarung. Auch nicht, daß Gott sich zusammen mit seinen Geschöpfen in einer Höher-Evolution befände oder daß er im Neuen Testament gnädiger und weniger heftig wäre als im Alten. Es bedeutet auch nicht, daß das Alte Testament fehlerhaft oder nicht mehr gültig wäre oder weniger inspiriert als das Neue. Mit fortschreitender (oder vielleicht besser: kumulativer) Offenbarung ist gemeint, daß die letzte, endgültige Offenbarung im Neuen Testament geschieht. Wir müssen daher das Alte Testament im Lichte des Neuen lesen und deuten. Gerhard von Rad spricht von der »Aktualisierung« des Alten Testamentes im Neuen; man kann das Alte Testament nur als ein Buch der stetig steigenden Vorahnung lesen, als ein Buch, in welchem mit jeder neuen Seite die Erwartung steigt.[8] Das Alte Testament »neigt sich« zum Neuen hin.

Womit wir vor einem Problem stehen. Wie sollen wir mit dem Alten Testament umgehen? Welche Autorität hat es für den neutestamentlichen Christen? Wenn es nicht Gottes letzte Offenbarung ist, wenn es aus Schatten und Symbolen, Bildern und Vorahnungen besteht, welche Teile von ihm sind dann für uns heute noch gültig? Sind seine Gebote, Gesetze und Rituale für die Gemeinde bindend? Wir können wohl sicher sein, daß wir nicht mehr Tieropfer darzubringen oder Ehebrecher zu steinigen oder Dieben die Hand abzuhacken haben. Aber vieles im Alten Testament ist ethisch und geistlich durchaus relevant. Wie können wir wissen, was am Alten Testament nur für das Kind gedacht war und was auch für den Erwachsenen?

Seien wir uns zunächst darüber klar: Jawohl, das Alte Testament *hat* dem Christen des 20. Jahrhunderts etwas zu sagen. Es *ist* eine Autorität für die Gemeinde. Von dem Irrlehrer Marcion im 2. Jahrhundert bis heute ist immer wieder versucht worden, sich des Alten Testaments wenn nicht als historischer Tatsache, so doch als Kraft in der Kirche zu entledigen. Doch das Neue Testament wurzelt im Boden des Alten, und keines von beiden kann ohne das andere bestehen.

Inwiefern aber ist dann das Alte Testament für uns relevant? Nicht in seinen alten Formen und Institutionen, nicht in den gesetzlichen Bestimmungen und Zeremonien einer alten Kultur in einer vergangenen Welt. John Bright schreibt in seinem Buch *The Authority of the Old Testament*:

> Die alttestamentlichen Glaubens- und Praxisformen können nicht die unseren sein oder ein direktes Modell für sie. Viele der alttestamentlichen Texte scheinen uns Christen in ihrer wörtlichen Bedeutung wenig zu sagen zu haben. Doch untersuchen wir diese alten Formen und Texte, legen wir die theologischen Fragen frei, die ihnen zugrunde liegen, und schauen wir, was das Neue Testament im Lichte Christi mit dieser Theologie gemacht hat, und wir werden sehen, wie das Alte Testament durch seine Theologie sein vollmächtiges Wort an die Gemeinde richtet.[9]

Ich glaube, das Schlüsselwort hier ist »Theologie«. Wir finden die Bedeutung und Autorität des Alten Testamentes nicht in seinen zeitgebundenen Formen, sondern in der Theologie, die ihnen zugrunde liegt. Der Opferkult des Alten Testaments zum Beispiel ist als Kult überholt, aber seine Botschaft – daß der Mensch gesündigt hat und der Versöhnung bedarf – ist nach wie vor gültig.

Unsere Regel lautet also: Nur diejenigen Worte des Alten Testaments – seine ethischen und religösen Lehren –, die *im Neuen Testament wiederholt werden*, sind für die Gemeinde relevant und maßgebend.

Unser Leitstern muß das Neue Testament sein, die gleichsam »christianisierte« Version des Alten. Um herauszufinden, wie relevant ein alttestamentliches Wort für uns ist, fragen wir: »Kommt dies auch im Neuen Testament vor? Gehört es zu jenem Teil der Offenbarung Gottes, den Christus in das Neue Testament mit eingebracht hat, oder zu dem Teil, den er zurückließ, weil er seinen Zweck erfüllt hatte und nicht mehr nötig war? Und wo ein bestimmtes Wort aus dem Alten Testament im Neuen Testament erscheint, hat es dort vielleicht eine andere Bedeutung bekommen?«

Das Alte Testament ist zum Beispiel in seinem Erlösungsverständnis physischer und materieller als das Neue; Erlösung heißt Errettung vor Feinden, Gefahren usw. Die Vorstellung von einem ewigen Leben war im Denken der Israeliten noch kaum ausgebildet. Und ein »gerechter« Mensch ist im Alten Testament jemand, der gewisse Regeln und Rituale im äußerlich-buchstäblichen Sinne einhält.

Das im Alten Testament vorherrschende Denken sah irdische Segnungen als Beweis der Gnade Gottes. Die Gleichung war einfach: Den Frommen geht es gut, die Bösen dagegen versinken in Krankheit und Armut.

Kein Wunder, daß Hiobs Freunde ihn beschuldigten,

ein heimlicher Sünder zu sein. Sie mußten sein Schicksal geradezu als eine Bedrohung empfinden. Warren Wiersbe erklärt: »Hiobs Ergehen stellte ihre schönen theologischen Schubladen in Frage. . . . Was da mit ihm geschah, *konnte ja auch ihnen passieren!* Es ging ihnen gar nicht so sehr um Hiob als Leidenden, der ihres Trostes bedurfte, sondern um Hiob als theologisches Problem.«[10] Das gleiche Denken blüht und gedeiht auch heute.

Kürzlich erhielt ich einen Rundbrief von einem Missionswerk. Der Leitartikel kreiste um das Motto: »Deine finanzielle Lage ist ein Spiegel Deines geistlichen Zustands.« Was hätte Hiob wohl dazu gesagt? Aber jetzt kommt der Clou: An dem gleichen Tag, an dem der Rundbrief kam, erhielt ich einen »persönlichen« Brief vom Leiter besagten Werkes: ob ich nicht bitte eine Sonderspende lockermachen könne, das Werk wisse vor Schulden nicht ein noch aus.

Das Alte Testament hat eine andere Perspektive als das Neue, und dies ist bei seiner Auslegung zu berücksichtigen. Bernard Ramm stellt fest:

> Insofern das Neue Testament der Schlußstein der Offenbarung ist, hat es als Hauptquelle biblischer Lehre zu gelten. . . . Das also, was das Alte Testament vorausschattet, wird im Neuen Wirklichkeit, womit das Neue Testament zur Hauptquelle christlicher Theologie wird. Die großen Lehren des Glaubens . . . sind alle im Neuen Testament am stärksten entwickelt.[11]

Ein gutes Beispiel dafür, wie das Alte Testament auf das Neue hinzielt, finden wir, wenn wir Habakuk 2,3 mit Hebräer 10,37 vergleichen. Hier wird der Schatten Wirklichkeit, das Vorläufige wird gleichsam vom Endgültigen aufgesogen. In einer nationalen Krisensituation verheißt Gott Habakuk, daß Rettung kommen wird:

Denn das Gesicht gilt erst für die festgesetzte Zeit, und es strebt auf das Ende hin und lügt nicht. Wenn es sich verzögert, warte darauf; denn kommen wird es, es wird nicht ausbleiben. (Elberfelder)

Jahrhunderte später tröstet der Schreiber des Hebräerbriefes verfolgte Christen, indem er Habakuk zitiert: »Denn nur noch eine kleine Weile, so wird kommen, der da kommen soll, und wird nicht lange ausbleiben.«

Beachten wir hier, daß es bei Habakuk heißt, daß *es* kommen wird; im Hebräerbrief kommt *er*. Was im Alten Testament ein *Es* war, wird im Neuen ein *Er*. Christus ist das Ja und Amen auf alle Verheißungen Gottes; in ihm erfahren alle Verheißungen ihre ganze Erfüllung. Und eben dies ist das »Bessere« an dem »besseren Bund«, von dem der Hebräerbrief spricht: *Er* ist besser als *es*.

Dagegen ist eine der Hauptursachen der gegenwärtigen Verwirrung in der Heilungsdebatte die Praxis, *das Neue Testament im Lichte des Alten zu lesen.*

Ein Freund von mir und seine Frau, die an heftiger Migräne litt, nahmen an einer von zwei bekannten Pastoren geleiteten Bibelkonferenz teil. Als sie eines Abends nach dem Vortrag mit ihnen sprachen, erwähnte die Frau ihre Migräne-Attacken. Die beiden Pastoren befragten sie eingehend über ihre familiäre Herkunft, ihre Eltern und Großeltern und kamen zu dem Ergebnis, daß die Kopfschmerzen auf eine okkulte Belastung zurückgingen: Ihre Mutter hatte als Kind mit einem Ouija-Brett gespielt und damit dem Teufel ein Einfallstor geöffnet und sich unter einen Fluch begeben, und da sie diesen Fluch offenbar nie gebrochen hatte, hatte sie ihn an ihre Tochter weitergegeben. Die Pastoren sprachen ein Heilungsgebet, befahlen dem Teufel und dem Fluch zu fliehen und wiesen die Frau an, als persönlichen Glaubens- und Bekenntnisakt die von ihrem Arzt verschriebene Medizin nicht mehr zu nehmen. Die Frau kam zu mir und fragte mich, was ich davon hielt; ihr Arzt habe ihr zu Beginn der Behandlung gesagt, daß ein plötzliches Absetzen des Mittels zum Herzstillstand führen könnte. Ich antwortete, daß ich nicht viel davon hielt und an ihrer Stelle das Mittel weiternehmen würde.

Die Konferenzleiter hatten sich auf die »Fluchworte« in 5. Mose 27 und 28 gestützt. Ich erklärte der Frau, daß diese Worte in einer anderen Zeit und Situation als der unseren gesprochen wurden, sich auf eine spezifische Situation des damaligen Volkes Israel bezogen und nicht die heutigen Christen meinen.

Warum sagte ich dies? Weil das Neue Testament dergleichen nirgends lehrt. Als ich die Verse aus 5. Mose durch den Filter des Neuen Testamentes preßte, kam am anderen Ende – nichts heraus. Aber steht nicht in Jakobus 3,9-10 etwas über das Fluchen? Schön, doch diese »Flüche« sind weder grammatisch noch exegetisch auch nur entfernt mit einem Voodoo- oder Hexenfluch zu vergleichen.

Was mich an diesem Vorfall am meisten bedrückt, ist wohl, daß diese schlampige Theologie die Gesundheit der Frau meines Freundes in Gefahr brachte.

Nur diejenigen Lehren des Alten Testaments, die – buchstäblich oder theologisch – im Neuen Testament wiederholt werden, gelten für uns Christen heute. Wiersbe stellt fest:

Gott versprach Israel Heilung und Wohlergehen, aber nirgends verspricht er dies der neutestamentlichen Gemeinde. ... Die Israeliten waren eine Nation im Kindesalter, und wie alle Kinder lernten sie vor allem durch Belohnungen und Strafen ... Aber es kommt eine Zeit, wo das Kind lernen muß, nicht deshalb zu gehorchen, weil *es sich lohnt*, sondern weil *es richtig ist*. Es muß aus innerem Antrieb und Liebe heraus gehorchen, nicht aus äußerem Zwang und Furcht ... Die Menschen heute, die leidende Gläubige drängen, »mehr Glauben zu haben« oder »mit Gott ins reine zu kommen«, halten es unbewußt mit dem Satan und Hiobs Freunden. Sie fordern uns auf, zurück ins Stadium des Kindes zu gleiten, anstatt reif zu werden.[12]

Die Wohlstands- und Gesundheitstheologie, komplett mit ihrem Ballast an »Flüchen« und sonstigem, zieht Christen zurück in den alten Bund und in die Ungewißheit der Unreife.

KAPITEL 10

Auf geradem Kurs (Teil 2)

Sind Sie noch da? Gut. Ich hatte schon Angst, Sie würden vor lauter Langeweile nicht mehr umblättern. Kommen wir also zu unserer vierten Auslegungsregel.

4. Wir müssen zwischen Bild und Rahmen unterscheiden

Über dem Kamin in unserem Wohnzimmer hängt ein schönes Bild, das nach dem Lied »How firm a foundation« (»In Ihm fest gegründet«) gemalt wurde. Für Kaye und mich hat dieses Lied eine ganz besondere Bedeutung. Als unser ältester Sohn 1975 starb, bekamen wir einen Anruf von Miss Bertha Smith, einer ehemaligen Chinamissionarin, die in Cowpens in South Carolina wohnte. Als ich abnahm, bat sie Kaye, an den Zweitapparat zu gehen, und dann fing sie ohne ein weiteres Wort an, uns dieses gewaltige Lied vorzusingen.

Im Zweiten Weltkrieg hatte Miss Bertha einen japanischen Bombenangriff auf das Krankenhaus, in dem sie diente, erlebt. Als die Bomben kamen, zog sie mehrere der verängstigten Schwestern mit sich unter die Betten, und dort sang sie, um die Schwestern und sich selber zu beruhigen, die sieben Strophen von »How firm a foundation« – wieder und wieder. Und jetzt also dachte sie, daß dieses Lied, das ihr selber eine solche Hilfe in dunkler Stunde gewesen war, auch uns helfen würde – was es auch tat und immer noch tut.

Das Bild malte uns eine begabte junge Frau aus unserer Gemeinde, die darum wußte, wieviel uns das Lied bedeutete. Als wir eines Tages unser Wohnzimmer neu tapezierten, ersetzten wir den Rahmen des Bildes durch einen neuen, der besser zu den neuen Farben im Raum paßte. Wir kauften nicht ein neues Bild, sondern einen neuen Rahmen; der Rahmen hat sich verändert, das Bild ist geblieben.

Als Gott sich den Menschen offenbarte, hatte er auch einen »Rahmen«; er handelte in einer bestimmten historischen Epoche mit einer spezifischen Kultur. Die Bibel ist in der Geschichte verwurzelt. Sie ist eine Sammlung von Büchern und Briefen, die ihre Adressaten und Daten haben, und besitzt somit einen historischen, geographischen und kulturellen »Rahmen«, in den Gott seine geistlichen und ewigen Wahrheiten (das »Bild«) hineingab. Anders ausgedrückt: Gott zog ewigen Wahrheiten zeitgenössische Kleider an. Aber er erwartet nicht, daß wir Heutigen die gleichen Kleider tragen, wenn wir die Bibel lesen!

Wenn wir heute die Bibel aufschlagen, lesen wir Dokumente, die vor Tausenden von Jahren in anderen Sprachen und in anderen Kulturen verfaßt wurden. Die Bibel ist gleichzeitig Gottes Wort und historisches Dokument.

Augustinus hat gesagt: »Unterscheide die Zeiten, und du wirst die Schrift harmonisieren.« Wenn wir eine Schriftstelle auslegen, ist unsere erste Aufgabe, herauszufinden, was sie für ihre ursprünglichen Leser bedeutete. Wir können nicht wissen, was sie für uns bedeutet, wenn wir nicht wissen, was sie für sie bedeutete.

Manche Bibelausleger nennen dies »Distanzierung«: Wir müssen sozusagen einen Schritt von dem Text zurücktreten. Wenn wir nicht – so D. A. Carsons – »den ›Abstand‹ erkennen, der uns von dem uns vorliegenden Text trennt, werden wir die Unterschiede in Einstellung, Vokabular und Interessen übersehen und, ohne es selber zu merken, unser eigenes geistiges Gepäck in den Text hineinlesen, ohne uns zu fragen, ob dies überhaupt angemessen ist«.[1]

Ein Beispiel: In 1. Korinther 8 gibt Paulus Anweisungen zum Verzehr des sogenannten Götzenopferfleisches. Das Fleisch von Tieren, die als Opfer auf den Altären heidnischer Gottheiten dargebracht worden waren, wurde anschließend auf dem Markt verkauft, und unter den ersten Christen war die Frage, ob man solches Fleisch essen durfte, ein heißes Eisen. Ganz anders bei mir heute; wenn ich zum Metzger gehe, komme ich nicht auf den Gedanken zu fragen: »Ist das Gehackte aus dem Sonderangebot auch kein Götzenfleisch?«

Die historische Situation im alten Korinth hat für uns heute nichts zu sagen. Sie war nur der Rahmen zum Ausdruck einer Wahrheit, die nun allerdings von bleibender Bedeutung ist: »Seht aber zu, daß diese eure Freiheit für die Schwachen nicht zum Anstoß wird!« (1. Korinther 8,9)

Vor einigen Jahren wurde ich auf der Keswick Convention, einer christlichen Konferenz in England, von einer Frau gefragt, ob Christen der Bibel gehorchen sollten. Für mich gab es nur eine Antwort: »Ja, natürlich.«

»Warum«, fuhr sie fort, nachdem ich so angebissen hatte, »grüßen wir unsere Brüder dann nicht mit einem heiligen Kuß, wie es in der Bibel steht?« Sie meinte offenbar solche Ermahnungen wie die in Römer 16,16 oder 1. Petrus 5,14.

Ich antwortete: »Also, zunächst einmal liegt die Betonung bei Paulus auf dem Wort *heilig*, nicht auf dem Kuß. Und zweitens war es damals üblich, daß man sich zur Begrüßung küßte; im Nahen Osten ist das heute noch so.« (Erst wenige Tage zuvor hatte ich im Fernsehen gesehen, wie Arafat den jordanischen König zur Begrüßung auf beide Wangen und die Nase küßte.) Paulus und Petrus ermahnten ihre Leser nicht, einander zur Begrüßung zu küssen – das taten sie ja sowieso –, sondern darauf zu achten, daß es ein *heiliger* Kuß war. Die Geste des Kusses, so erklärte ich der Frau, bedeutete in ihrer Kultur das gleiche wie für uns heute das Händeschütteln.

Würde Paulus diese Worte heute an uns schreiben, er würde wahrscheinlich sagen: »Grüßt euch untereinander mit einem heiligen Händedruck.« Der Rahmen ist der Akt des Küssens, das Bild ist der *heilige* Kuß bzw. (nach 1. Petrus 5,14) eine *liebevolle* Begrüßung.

5. Die Schrift legt sich selber aus

Der beste Bibelkommentar ist die Bibel selber. Jeder Vers muß im Lichte seines eigenen unmittelbaren Kontextes sowie des Gesamtkontextes der Bibel interpretiert werden. »Die Einheit der Schrift« – so Clark Pinnock – »folgt daraus, daß Gott ihr erster Verfasser ist, und impliziert, daß die Bedeutungen ihrer einzelnen Teile mit der Bedeutung des Ganzen übereinstimmen, so daß ein Abschnitt den anderen beleuchtet... Weil sie von dem einen göttlichen Verfasser kommt, legt die Schrift sich selber aus.«[2]

Die Bibel ist eine Sammlung von 66 Büchern, die im Laufe von Hunderten von Jahren von den verschiedensten Autoren verfaßt wurden – und doch ist sie *ein* Buch, mit *einer* Wahrheit, *einer* Theologie, in welcher die verschiedenen Teile alle miteinander harmonieren.

Diese Aussage, daß die Bibel ein einziges durchgehendes Lehrsystem enthält und daß daher die jeweilige Teilauslegung diesem einen System Rechnung tragen muß, wird manchmal auch unter den Begriff der »Analogie des Glaubens« gefaßt. Bernard Ramm definiert die Analogie des Glaubens als »die *übereinstimmende und beständige Harmonie der Schrift in den fundamentalen Punkten des Glaubens und der Praxis*, wie sie aus den Abschnitten, in denen diese von den inspirierten Autoren direkt oder ausdrücklich und mit klaren, einfachen und verständlichen Worten behandelt werden, abgeleitet werden kann.«[3]

Die theologische Einheit der Bibel bedeutet, daß die Auslegung eines Einzelabschnitts nicht in Widerspruch zur Gesamtlehre der Bibel zu einem bestimmten Punkt stehen darf.

Wie es so schön heißt: »Ein Text ohne Kontext ist eine Ausrede.« Das Herausreißen von Einzelversen aus ihrem Kontext ist eine leichtsinnige, ja gefährliche Methode der Wahrheitsfindung. Wir kennen alle das klassische Beispiel: »Judas ging hin und erhängte sich. . . . Geht hin und tut desgleichen. . . . Was du tust, das tue bald.«

Bernard Ramm stellt klar:

> Konservative Christen stimmen einer theologischen Aussage schon fast instinktiv zu, wenn ein Belegtext für sie gegeben wird. *Doch wir müssen jeden Belegtext einer gründlichen exegetischen Prüfung unterziehen*, wollen wir uns nicht einer oberflächlichen Bibelauslegung schuldig machen. Der Gebrauch von Belegtexten ist immer nur so gut wie die hinter den Texten stehende Auslegung.[4]

Dieses Prinzip bedeutet ein Dreifaches:

a) Wir müssen beim Lesen eines Verses jeweils die Grammatik, die Bedeutung der Wörter und die Beziehung der Wörter untereinander beachten.

Martin Luthers Rat ist hier nach wie vor erwähnenswert: »Bemühe dich tüchtig um die Sprachen, denn die Sprache ist die Scheide, in welcher das Schwert des Geistes steckt.« Theologie beginnt mit Grammatik; eine Lehraussage ist nur so gut wie ihr grammatisches und exegetisches Fundament. Eine Bibelauslegung, die die Bedeutung des Einzelwortes und seine Beziehung zu den anderen Worten im Vers beiseite läßt, ist unzuverlässig, leichtsinnig und unseriös.

b) »Dunkle« Stellen haben eindeutigen Stellen den Vortritt zu lassen.

Geben wir es ruhig zu: Manche Bibelstellen sind schwer verständlich. Haben Sie Ihre Schwierigkeiten mit den Briefen des Paulus? Sie sind in bester Gesellschaft, denn dem Apostel Petrus ging es nicht besser: ». . . wie auch unser lieber Bruder Paulus nach der Weisheit, die ihm gegeben ist, euch geschrieben hat. Davon redet er in allen Briefen, *in denen einige Dinge schwer zu verstehen sind . . .*« (2. Petrus 3,15-16, Hervorhebung von mir). Doch wie Bernard Ramm sagt:

> Alles für die Erlösung und das Leben des Christen Wesentliche ist in der Bibel klipp und klar ausgesagt. Die großen Wahrheiten sind nicht in irgendwelchen Nebensätzen versteckt oder in Abschnitten, deren Bedeutung selbst nach gründlicher Analyse dunkel bleibt.[5]

Eine Lehre, die sich nur auf eine entlegene oder dunkle Bibelstelle stützt, ist suspekt. So berufen sich manche Vertreter eines Wohlstands- und Gesundheitsevangeliums auf den Anfang des 3. Johannesbriefes: »Mein Lieber, ich wünsche, daß es dir in allen Dingen gut gehe und du gesund seist, so wie es deiner Seele gut geht« (3. Johannes 3,2). Und andere haben auf 1. Petrus 2,24 eine ganze Theologie der (körperlichen) Heilung aufgebaut, indem sie etwas in den Text hineinlesen, was schlicht nicht da ist. Die Worte »Durch seine Wunden seid ihr heil geworden« sind eindeutig ein Bild für die Vergebung unserer Sünden!

c) Bibelverse zitieren und das Wort Gottes predigen sind nicht das gleiche.

Manche Prediger überschütten ihre Hörer mit einer Flut von wahllos zusammengeklaubten Bibelversen, die kaum eine Beziehung zueinander haben. Nur selten wird versucht, die Verse miteinander in Übereinstimmung zu bringen oder zu erklären, was sie in ihrem Kontext bedeuten. Manche Heilungs- und Wohlstandsprediger bombardieren ihre Gemeinden buchstäblich mit Hunderten von Einzeltexten; die meisten stammen aus dem Alten Testament, und wo neutestamentliche Verse benutzt werden, ist ihre Beziehung zum Thema »Heilung« bestenfalls vage. Solche Zitatlawinen klingen beeindruckend und können den Hörer leicht mitreißen. Oft ist es nicht erwünscht, daß der Hörer die Verse selber nachprüft, und Nachfragen, ob »das da wirklich so steht«, werden als Zeichen von »Unglauben« abgetan. Wie ein Prediger, nachdem er Dutzende isolierter Verse heruntergerasselt hatte, warnend sagte: »Prüft es nicht, glaubt es einfach!«

Dies ist eine naive, seichte Sicht vom Glauben und vom Predigen. Der Glaube fürchtet keine Tatsachen. Die Wahrheit wehrt sich nicht gegen Fragen, sondern begrüßt sie. Um »das Wort zu predigen«, reicht es nicht aus, Bibelverse anzuhäufen.

Ein gutes Beispiel für eine Bibelauslegung, die den Kontext nicht beachtet, ist Matthäus 10,1: »Und er rief seine zwölf Jünger zu sich und gab ihnen Macht über die unreinen Geister, daß sie die austrieben und heilten alle Krankheiten und alle Gebrechen.« Manche behaupten aufgrund dieses Verses, daß wir heute die gleiche Macht haben, die Jesus damals seinen Jüngern gab; auch wir können »die Werke Jesu tun«. Wenn Jesus seinen Jüngern so klar befahl, Kranke zu heilen, Dämonen auszutreiben und Tote aufzuerwecken, müssen wir das auch können.

Aber das stimmt natürlich nicht. In V. 6 weist Jesus seine Jünger an, nur »zu den verlorenen Schafen aus dem Hause Israel« zu gehen und nicht zu den Heiden und Samaritern, und in V. 9-10 schärft er ihnen ein: »Ihr sollt weder Gold noch Silber noch Kupfer in euren Gürteln haben, auch keine Reisetasche, auch nicht zwei Hemden, keine Schuhe, auch keinen Stecken. Denn ein Arbeiter ist seiner Speise wert.« Wenn wir den ersten Vers für uns beanspruchen, müssen wir das mit den folgenden auch tun, und dies würde heißen, daß wir nur zu den Juden gesandt sind, daß wir auch Tote auferwecken müssen (V. 8), daß wir kein Geld verdienen und keinen Kleiderkoffer dabeihaben dürfen. Ich habe viele gehört, die sich auf den ersten Vers berufen, aber keinen einzigen, der es auch mit den folgenden Versen hält. Wenn je jemand eine christliche Arbeit mit nur einem Anzug und einem Paar Schuhe begann und nie Geld nahm, dann muß ich ihn wohl verpaßt haben, als er in meine Stadt kam. Sidlow Baxter bemerkt:

> Die Kontextregel liegt hier klar auf der Hand. Daß Jesus diesen Auftrag nur dem Zwölferkreis seiner Jünger gab und daß er auf eine ganz bestimmte Gruppe von Menschen zu einer ganz bestimmten Zeit beschränkt war, geht klar aus Vers 2 hervor: »Die Namen aber der zwölf Apostel sind diese: ...« Es folgt die Auflistung der Namen. ... Lieber Bruder, wenn dein Name nicht in dieser Liste erscheint, gilt dieser Auftrag nicht dir.[6]

Die Nichtbeachtung der Kontextregel kann zu einem weiteren häufigen Fehler führen – daß wir die Bibel durch den Filter unserer heutigen westlichen Kultur und Werte lesen. So ist die Irrlehre, daß es Gottes Wille sei, daß

Christen reich und wohlhabend werden, dadurch entstanden, daß man der Bibel unsere heutigen ökonomischen Werte überstülpte.

Da behauptet ein Prediger glatt, Jesus habe das Wohlstandsevangelium durch seinen Einzug in Jerusalem begründet, denn er habe doch auf einem Esel gesessen und ein Esel, das sei damals das gleiche gewesen, als wenn heute jemand eine Luxuslimousine fahre. Nichts gegen Oberklassewagen, aber eine biblische Lehre auf Jesu Esel aufzubauen ist mehr, als der gesunde Menschenverstand vertragen kann. Übrigens war der Esel nur geliehen; wenn Jesus also ein Gesetz mit ihm begründet hat, dann das des Leihwagens ...

Nur eine Überflußgesellschaft wie die unsere, in der man kalorienarmes Hundefutter für übergewichtige Schoßhunde kaufen kann, konnte eine solche Lehre aushecken. J. I. Packer hat dieses zu dem Wohlstandsevangelium zu sagen: »Im Munde eines reichen Bankers, der sich im Ballsaal eines Luxushotels befindet, mag diese Behauptung plausibel klingen, aber man braucht sich nur vorzustellen, daß jemand sie in einem Christendorf in Indien oder Bangladesch macht oder in einem der Dürregebiete Afrikas, um zu sehen, wie leer sie ist.«[7]

6. Wir müssen die literarische Form des Buches beachten

Die Bibel ist eine Einheit und doch mehr als *ein* Buch. Sie ist eine Sammlung einzelner, höchst unterschiedlicher Bücher, die das ganze Spektrum literarischer Formen abdeckt: Geschichtsschreibung, Dichtung, Sprichwörter, Hymnen, Allegorien, Gesetzessammlungen, Prosa.

Dies ist für das rechte Bibelverständnis von größter

Bedeutung. Jede literarische Form will anders angegangen werden. Die Apostelgeschichte genauso lesen zu wollen wie den Propheten Hesekiel würde zu einiger Verwirrung führen.

Die Sprache der Psalmen ist weitgehend dichterisch und voller lebhafter Bilder. Ich glaube kaum, daß Gott buchstäblich Flügel hat (Psalm 17,8), und wir nehmen es nicht wörtlich, daß er uns »mit seinen Fittichen decken« wird (91,4).

Die vier Evangelien und die Apostelgeschichte dagegen sind im wesentlichen historische Berichte. Als junger Pastor fragte ich mich, ob die Gemeinden nicht, wie einige meiner Kollegen meinten, ihre Versammlungen in Privathäusern abhalten sollten wie die Urgemeinde auch. Nun, vielleicht trafen die Christen in der Apostelgeschichte sich schlicht deshalb in ihren Häusern, weil dies vorerst ihre einzige Möglichkeit war zusammenzukommen. Aber wie auch immer: Die Bibel lehrt uns nicht, daß Christen sich zum Gottesdienst in ihren Wohnungen treffen müssen. Dies ist ein wichtiger Punkt: *Unsere Lehre kommt nicht aus dem, was die Apostel taten oder was sie erlebten, sondern aus dem, was sie lehrten.*

Wie John Philips, der Autor einer englischen Bibelkommentarserie, in einer Podiumsdiskussion sagte: »Es ist ein Axiom, daß man seine Lehren nicht aus der Apostelgeschichte bezieht.«[8]

In einer Hinsicht stellen uns die Evangelien und die Apostelgeschichte vor die gleiche Frage wie das Alte Testament: Wie können wir, da sie historische Dokumente sind, das Bild vom Rahmen trennen? Vieles an den Evangelien ist eindeutig für alle Zeiten gültig, so zum Beispiel die Ethik der Bergpredigt, die Abendmahlsreden, die Gleichnisse und ihre Wahrheiten und so offensichtlich zeitlose Gesetze wie: »Und er sprach zu ihnen: Seht zu und hütet euch vor aller Habgier; denn niemand lebt davon, daß er viele Güter hat« (Lukas 12,15).

Aber wie ist es mit der Fußwaschung? Der Taufe? Dem Abendmahl? Der Krankenheilung? Bei diesen Dingen befragen wir die neutestamentlichen Briefe; sie sind der Ort, wo kirchliche Lehre sich bildet. Wir interpretieren die Evangelien und die Apostelgeschichte im Lichte der Briefe. Welche Lehren, Anweisungen und Vorschriften werden in den Briefen wiederholt? Dies ist der Grund, weshalb die meisten Kirchen ein Sakrament der Fußwaschung nicht kennen. Es gibt keinerlei Hinweise darauf, daß die Urgemeinde sie als solches praktizierte, und sie wird in den Briefen nirgends erwähnt.

Wenden wir nun dieses Prinzip auf die Krankenheilung an. Wird sie in den Briefen des Neuen Testaments gelehrt? Geben sie uns einen Heilungsauftrag?

Angesichts des breiten Raums, den Heilungswunder in den Evangelien und der Apostelgeschichte einnehmen, muß es überraschen, daß wir im Rest des Neuen Testaments fast nichts darüber finden. Wenn die Gemeinde den Auftrag hat, an ein Amt der Krankenheilung zu glauben und es zu praktizieren, müßte dies doch in den Briefen gelehrt werden, aber es wird nicht gelehrt. Nirgends finden wir die Aussage oder auch nur Andeutung, daß wir von Gott her das Recht hätten, ganz oder teilweise von unseren Krankheiten geheilt zu werden. J. Sidlow Baxter sagt dazu:

> Die spärliche Behandlung des Themas in den Episteln steht in scharfem Kontrast zu den häufigen Heilungswundern in den vier Evangelien und der Apostelgeschichte. Und vergessen wir nicht: Es sind die *Briefe* des Neuen Testaments und nicht die Evangelien oder die Apostelgeschichte, die sich speziell an die Kirche als Gesamtheit, an Ortsgemein-

den und an spezifische Einzelchristen wenden. Die Briefe sind es, die das alleinige Eigentum der Kirche sind, die uns all die Lehren geben, die spezifisch »kirchliche« Lehren sind, die alle Gaben des Herrn für seine Gemeinde offenbaren und die bis heute den Maßstab setzen für Leben, Gemeinschaft, Zeugnis und Erfahrung der Kirche.[9]

Die Schlußfolgerung scheint mir klar zu sein: Wenn wir in unserer Lehre die gleichen Akzente setzen wollen wie die Apostel, dann ist die übermäßige Betonung von Kranken- und sonstigen Heilungen oder von materiellem Wohlstand nicht gerechtfertigt.

Wie ich schon zu Beginn dieses Kapitels sagte: Diese Auslegungsregeln sind nicht erschöpfend, aber grundlegend. Und ausreichend. Die Einhaltung dieser sechs Grundregeln bewahrt uns vor Irrtümern in der Bibelauslegung, hilft uns, Irrlehren zu erkennen, und rüstet uns zum rechten Umgang mit dem Wort der Wahrheit aus.

KAPITEL 11

Heilung – gestern, heute und in Ewigkeit?

Haben Sie das auch schon gehört?

»Die Urgemeinde kehrt zurück!« – »Die Tage der Bibel sind wieder da!«

Man hört heute viele solche Parolen, dazu Zeugnisse von großen Wundern, vor allem Heilungswundern, und oft scheinen die Wunder auch echt zu sein. Bei Gläubigen, die geistlich unterernährt sind, fallen solche Lehren auf fruchtbaren Boden. Ihre Kirchen kommen ihnen tot und vertrocknet vor, und frustriert von der Jämmerlichkeit ihres eigenen Glaubens, sind sie nur zu bereit, etwas Neues zu glauben, zu erleben, zu fühlen – von der übernatürlichen Sorte.

Aber viele der Wunderberichte sind fragwürdig, und den theologischen Aussagen mangelt es oft an solidem biblischem Fundament. Nicht alle »Heilungen« sind von Dauer, und auf jeden Geheilten kommen tausend, die nicht geheilt wurden.

Leben wir tatsächlich wieder in der Urgemeinde, in einer Zeit erneuter Zeichen und Wunder? Wir sollten keine Angst haben vor einer genauen Überprüfung der Tatsachen, denn die Wahrheit hat niemals Angst vor Überprüfungen, ja sie begrüßt sie sogar.

Im Zentrum der heutigen Heilungsdebatte stehen die von Jesus und seinen Jüngern bewirkten Heilungswunder. Es wird behauptet, daß das, was damals geschah, die Norm für uns heute, ja für alle Zeiten sei. Wenn Jesus und die, die ihm nachfolgten, diese Dinge tun konnten, dann können wir dies auch – wenn wir nur Glauben haben.

Die beste Methode, diese Frage zu klären, ist ein Vergleich der Heilungswunder des Neuen Testaments mit den heutigen. Handelt es sich tatsächlich um dieselbe Art von Zeichen und Wundern?

Ich will damit nicht sagen, daß Gott heute genauso heilen *muß* wie damals. Gott läßt sich nicht auf eine Methode festlegen; er kann so heilen, wie es ihm beliebt. Aber das Problem ist eben nicht einfach, ob Gott heute heilt, sondern vielmehr, ob wir heute ein Wiederaufleben des irdischen Wirkens Jesu und der Apostel erleben. Will Gott eine Wiederholung dieses Wirkens? Verleiht er heute Christen die gleiche Gabe, Wunder zu wirken, wie Jesus und seine Apostel sie besaßen? Falls ja, dann müßte diese Gabe sich heute ähnlich äußern wie damals.

Ich möchte zunächst zwei der Haupttexte untersuchen, die zur Untermauerung der These zitiert werden, daß Christus nicht nur für unsere Sünden, sondern auch für unsere Krankheiten gestorben sei: Johannes 14,12 und Hebräer 13,8.

Die »größeren Werke« von Johannes 14,12

In Johannes 14,12 sagt Jesus seinen Jüngern: »Wahrlich, wahrlich, ich sage euch: Wer an mich glaubt, der wird die Werke auch tun, die ich tue, und er wird noch größere als diese tun; denn ich gehe zum Vater.« Dies ist eine phantastische Verheißung, und die Worte »Wer an mich glaubt« weiten sie über den Kreis der ersten Jünger hinaus aus. »Wer an mich glaubt« – das sind auch Sie und ich.

Auf den ersten Blick scheint dieser Vers in der Tat zu sagen, daß wir jedes Wunder, das Jesus tat, auch tun können, ja sogar noch mehr. Aber was meint denn Jesus in diesem Vers mit den »Werken«? Meinte er wirklich seine physischen Taten und Wunder?

Jesus hat ja beileibe nicht nur Heilungswunder vollbracht. Er ging auf dem Wasser, verwandelte Wasser in Wein, machte fünftausend Männer plus Frauen und Kinder mit einem Picknickkorb satt, stillte einen Sturm und ließ (ich wollte, ich könnte das auch) einen Fisch seine Steuern bezahlen. Am Ende seines Auferstehungsberichtes hält Johannes fest: »Noch viele andere Zeichen tat Jesus vor seinen Jüngern, die nicht geschrieben sind in diesem Buch« (Johannes 20,30). Und er beendet sein Evangelium mit diesen Worten: »Es sind noch viele andere Dinge, die Jesus getan hat. Wenn aber eins nach dem andern aufgeschrieben werden sollte, so würde, meine ich, die Welt die Bücher nicht fassen, die zu schreiben wären« (21,25).

In der Apostelgeschichte vollbringen die Apostel ähnliche Heilungswunder wie Jesus, aber wir haben keine Berichte darüber, daß sie auch seine anderen Wunder, wie die gerade oben erwähnten, nachahmten.

Das Wirken Jesu umfaßt also viel mehr als nur Heilungswunder. Aber wir finden kaum einen Anhänger der Heilungstheologie, der von sich behaupten würde, auch die anderen Wunder zu vollbringen. Ist es ein ehrlicher Umgang mit der Bibel, wenn man nur ein einziges der »Werke« Jesu herausnimmt und den Rest beiseite läßt? Wenn Jesus wirklich wollte, daß wir die gleichen physischen Wunder tun können wie er, müßte auch heute Wasser sich in Wein verwandeln, müßten Tote auferweckt werden, Menschenmassen von ein paar Broten satt werden, müßten wir Fische fangen, die unsere Steuerschuld im Maul haben.

Aber vielleicht liegt der Schlüssel zu dem, was Jesus in Johannes 14,12 wirklich meinte, in dem Nachsatz, den wir so leicht übersehen: ».. . denn ich gehe zum Vater.« Hier stellt Jesus klar, daß die »größeren Werke«, die seine Anhänger tun werden, mit seiner Rückkehr zum Vater zusammenhängen. Warum dies? Warum war es nötig, daß Jesus zum Vater emporfuhr, bevor die Jünger seine Verheißung erfüllen konnten? Für die physischen Wunder war die Himmelfahrt ganz sicher keine Vorbedingung; die vollbrachten die Jünger schon seit drei Jahren.

Aber der aufgefahrene Jesus würde seinen Geist herabsenden (vgl. Johannes 7,39; 16,7) und den Platz des Fürsprechers beim Vater einnehmen, um die Gebete seiner Jünger zu hören und zu erhören. *Dies* würde die »größeren Werke« ermöglichen.

Jesus betont hier die Gemeinschaft, die zwischen ihm und seinen Jüngern bestehen wird, obwohl er nicht mehr leiblich unter ihnen sein wird. Er geht von ihnen fort, aber wenn sie ihm weiter vertrauen, wird das Werk, das er begann, bleiben, ja noch größer werden. Seine physische Abwesenheit wird es nicht schmälern, ja im Gegenteil noch stärken. Mit anderen Worten: Im Wirken der Jünger wird Jesus selber anwesend sein; seine Werke werden die ihren sein und ihre die seinen. Barnabas Lindars sagt: »Da ihre Werke die Werke Jesu sind, werden sie gerade so sehr das Wirken Gottes in der Welt sein, wie sein eigenes Wirken es war.«[1]

Die Ausdrücke »Werke« und »größere Werke« meinen also nicht so sehr die konkreten Einzelhandlungen der Jünger, sondern die Tatsache, daß in allem, was sie tun werden, eigentlich Jesus in ihnen wirkt.

Die »größeren Werke« der Jünger hängen von dem »Gehen« Jesu ab. Daß er zum Himmel fährt, bedeutet, daß der bevollmächtigende Heilige Geist herabkommt, Christi himmlisches Fürsprecheramt beginnt und die Gemeinde so fähig wird, ihren Missionsauftrag in der Welt zu erfüllen. J.C. Ryle stellt fest: »›Größere Werke‹ heißt mehr Bekehrungen; es gibt nichts Größeres als die Bekehrung einer Seele.«[2]

Leon Morris schreibt:

> Was Jesus hier meint, sehen wir in den Berichten der Apostelgeschichte. Wir finden ein paar Heilungswunder, aber die Betonung liegt auf dem gewaltigen Werk der Bekehrung von Menschen. Allein am Pfingsttag stießen mehr Menschen zu der kleinen Schar der Gläubigen hinzu als während des gesamten irdischen Lebens Christi. Wir erleben hier eine wörtliche Erfüllung des »und er wird noch größere als diese tun«. Zu seinen Lebzeiten beschränkte sich der Einflußbereich des Sohnes Gottes auf einen vergleichsweise kleinen Teil Palästinas. Nach seinem Fortgang konnten seine Anhänger in einem weiten Umkreis wirken und viel mehr Menschen erreichen.[3]

Macht zu heilen, Macht zu retten?

Die Vertreter der These, daß die »größeren Werke« doch die physischen Wunder Jesu seien, behaupten, daß das Retten von Seelen die gleiche Macht erfordere wie das Heilen von Krankheiten; hätten wir nicht die Macht zu heilen, hätten wir auch nicht die Macht zu retten. Folglich sei die Macht zu heilen, ein Beweis für die Macht zu retten. Aber die gleichen Leute widersprechen sich selber, wenn sie kranken Christen, die *nicht* geheilt werden, einreden, daß sie nicht genügend Glauben hätten. Sie hatten aber offenbar genügend Glauben, um gerettet zu werden; müßten sie dann nicht nach dieser Interpretation von Johannes 14,12 erst recht geheilt werden können?

Es wird weiter behauptet, daß die Welt dann, wenn sie durch Krankenheilungen und andere Zeichen und Wunder

Gottes Macht greifbar erlebt, Christus erkennen und zum Glauben an ihn kommen wird.

Diese Behauptung beruht auf der beliebten, aber irrigen Vorstellung, daß Wunder Glauben hervorbringen. Psalm 78 ist hier eine ernüchternde Lektüre. Der Psalm ist eine Auflistung all der Wunder, die Gott für sein Volk Israel vollbrachte. Wenn je ein Volk die ganze Macht Gottes erfuhr, dann die Israeliten. Doch wie ein roter Faden zieht sich der traurige Refrain durch den Psalm:

> . . . und vergaßen seine Taten und seine Wunder, die er ihnen erwiesen hatte (V. 11).
>
> Zu dem allen sündigten sie noch mehr und glaubten nicht an seine Wunder (V. 32).

Das einzige Wunder unseres Herrn, das in allen vier Evangelien berichtet wird, ist die Speisung der Fünftausend. Johannes berichtet, daß die begeisterte Menge Jesus zum König machen wollte, wenn nötig, mit Gewalt (Johannes 6,15). Aber Jesus zieht sich zurück. Als die Menge am nächsten Tag zu ihm kommt, sagt er ihr: »Ihr sucht mich nicht, weil ihr Zeichen gesehen habt, sondern weil ihr von dem Brot gegessen habt und satt geworden seid« (6,26). Und er beginnt seine gewaltige Rede über das Brot des Lebens. »Wahrlich, wahrlich, ich sage euch: Wenn ihr nicht das Fleisch des Menschensohns eßt und sein Blut trinkt, so habt ihr kein Leben in euch« (Johannes 6,53).

Das Ende dieser ganzen Begebenheit? »Von da an wandten sich viele seiner Jünger ab und gingen hinfort nicht mehr mit ihm« (Johannes 6,66). Solange Jesus ihre physischen und materiellen Bedürfnisse befriedigte, waren sie bereit, ihn zum König zu machen. Aber sobald er die Rede auf etwas unendlich Höheres brachte als Brot und Fische – nämlich die persönliche Lebenshingabe an ihn –, wandten ihm die meisten enttäuscht den Rücken.

Ein bloßer »Brotglaube« wird sich immer »abwenden«, wenn das Brot alle ist. Diese wankelmütigen Jünger waren von physischen und materiellen Bedürfnissen motiviert.

Und so ist es immer gewesen. Die Menge hat immer geschrien: »Gib uns zu essen, und wir machen dich zum König!« Dostojewskijs Erzählung vom Großinquisitor beschreibt die Szene, wo der Teufel Christus versuchen will, Steine in Brot zu verwandeln, mit diesen Worten: »Siehst du die Steine in dieser vertrockneten Wüstenei? Verwandele sie in Brote, und die Menschen werden dir folgen wie das Vieh, dankbar und fromm und in ständiger Angst, daß du deine Hand wegziehst und sie ihr Brot nicht mehr haben.«

Nie hat Jesus Wunder zum Fundament des Glaubens gemacht. Seine Wunder sollten seinen Anspruch, der Messias zu sein, unterstreichen, nicht aber als Mittel dienen, um die Verlorenen zum rettenden Christusglauben zu führen. Wir folgen Jesus um seiner selber willen nach und nicht weil er uns den Magen füllt.

Wir lassen uns nur zu leicht von Wundern beeindrukken. Wir verneigen uns vor ihnen als vor den Markenzeichen echten Glaubens und echten Wirkens Gottes. »Normale« Dinge reichen uns nicht, es muß schon etwas Besseres sein ... Die Menschen, die Jesus vorfand, waren genauso. Aber als er dann seine Wunder tat, was sagten seine Feinde? »Ist er nicht der Sohn des Zimmermanns? Heißt nicht seine Mutter Maria und seine Brüder Jakobus und Josef und Simon und Judas? Und seine Schwestern, sind sie nicht alle bei uns? Woher kommt ihm denn das alles? Und sie ärgerten sich an ihm« (Matthäus 13,55-57). Für sie war Jesus zu gewöhnlich, um außergewöhnlich zu sein.

Als Mittel zum Erzeugen von Glauben sind Wunder höchst suspekt. Wunder bewirken keinen Glauben, und ein Glaube, der sich auf ein Wunder beruft, ist fragwürdig. Der reiche Mann in der Hölle (Lukas 16,19-31) dachte, daß seine Brüder sich zu Gott bekehren würden, wenn nur jemand von den Toten zu ihnen käme. Ein Besucher aus dem Jenseits – das mußte sie doch überzeugen! Aber hören wir Abrahams Antwort: »Hören sie Mose und die Propheten nicht, so werden sie sich auch nicht überzeugen lassen, wenn jemand von den Toten auferstünde« (Lukas 16,31).

John MacArthur schreibt:

> Seien wir uns klar darüber: Wenn die Christen jeden heilen würden, wie Jesus es tat, würden doch nicht alle an das Evangelium glauben. Was haben denn die Leute gemacht nach all den Heilungswundern Jesu? Sie kreuzigten ihn. Bei den Aposteln war es genauso. Sie taten ein Heilungswunder nach dem anderen, und was geschah? Sie wurden ins Gefängnis geworfen, verfolgt, ja getötet. Errettung kommt nie aus Heilung. Sie ist ein Geschenk Gottes nach seinem allerhöchsten Willen. Gott schenkt seine Erlösung, wem er will, und sie kommt durch das Hören und Glauben des Evangeliums. Wie Paulus schrieb: »So kommt der Glaube aus der Predigt, das Predigen aber durch das Wort Christi« (Römer 10,17).[4]

Es ist wahr, was Johannes 14,12 sagt: Christus hat seiner Gemeinde die Macht gegeben, die gleichen Werke zu tun wie er, ja noch größere Werke. Aber diese größeren Werke sind geistliche Siege, nicht physische Wunder. Aus der Perspektive des Neuen Testaments ist das Geistliche immer erstrebenswerter als das Körperliche. Es ist größer, von Sünde zu retten, als von Krankheit zu heilen. Glaube an Gott und Wunderglaube sind nicht dasselbe.

Der unveränderliche Christus in Hebräer 13,8

Zeichen- und Wunderprediger zitieren gerne Hebräer 13,8: »Jesus Christus ist derselbe gestern und heute und in Ewigkeit« (Elberfelder). Was während des irdischen Wirkens Jesu und zur Zeit der Apostel geschah, so sagen sie, ist die Norm für die Christenheit, denn Jesus hat sich nicht verändert; er ist heute der gleiche wie gestern. Wenn er die Kranken heilte, als er auf der Erde war, sollten wir dann nicht heute dasselbe erwarten? Er *ist* doch »derselbe gestern und heute und in Ewigkeit«! Und wenn die Apostel nach Pfingsten so viele Heilungen und andere Wunder vollbrachten, können wir dann nicht heute, wo wir immer noch im Zeitalter des Heiligen Geistes leben, die gleichen Wunder erwarten?

Aber Hebräer 13,8 ist kein Belegtext für Heilungswunder. Vers 8 ist ein Bindeglied zwischen den Versen 7 und 9. In V. 7 spricht der Briefschreiber von früheren »Lehrern«, die nicht mehr da sind; die Erinnerung an sie lebt weiter, aber sie selber können uns nicht mehr leiten. Doch Jesus Christus kann uns immer leiten und führen. Menschliche Führer, auf deren Rat wir uns verlassen, kann der Tod uns wegreißen, aber Jesus bleibt derselbe durch alle Generationen hindurch.

In V. 9 warnt der Autor seine Leser dann davor, sich von »fremden Lehren« mitreißen zu lassen, denn Jesus ist Gottes letzte und unwandelbare Botschaft an die Menschen. Da er stets derselbe ist, kann keine andere Lehre ihn ersetzen oder »überholen«.

Der zentrale Gedanke dieser Bibelstelle ist also, daß *Christi Wesen sich nicht ändert* und daher auch unser Glaube sich nicht ändern sollte.

Jesus Christus ist derselbe heute wie gestern – in seinem Wesen, seinem Charakter, seinen Eigenschaften. Das Grundwesen Jesu ändert sich nicht.

Aber er ist nicht derselbe in seinen Erscheinungsweisen und seinem Wirken. Er ist es noch nie gewesen. Jesu Leben begann ja nicht in Bethlehem. Um seine Biographie zu schreiben und seinen Ursprung zu ergründen, muß man weit hinter die Krippe zurückgehen. Aber selbst wenn wir am äußersten Rand der Ewigkeit stünden und in die dunkle Unendlichkeit hinausstarrten, würden wir seinen Ursprung nicht finden. Denn Jesus hat keinen Anfang und kein Ende, er ist das ewige *Jetzt*.

Bis Bethlehem wußte niemand, daß Gott einen Sohn hat. Aber ob in Windeln in der Krippe liegend, ob als theologischer Wunderknabe vor den Schriftgelehrten im Tempel, als Mann, der Tausenden am Ufer des Sees Genezareth predigte, oder als Verurteilter, der zwischen zwei Verbrechern an einem römischen Galgen hing – immer war er derselbe. Aber derselbe nur in seinem innersten Wesen – Gnade, Liebe, Barmherzigkeit und all die anderen Eigenschaften des gnädigen Gottes. Und während er diese Eigenschaften immer zeigte, trugen sie doch nicht in jedem Heilszeitalter das gleiche Gewand. Niemand würde behaupten wollen, daß Jesus im Alten Testament auf die gleiche Art wirkte wie im Neuen.

Ich finde es bemerkenswert, daß die Bibel nirgends erwähnt, daß der *auferstandene* Jesus Heilungswunder vollbracht hätte. In seiner Einleitung zur Apostelgeschichte sagt Lukas uns, daß Jesus »sich nach seinem Leiden durch viele Beweise als der Lebendige [zeigte] und ließ sich sehen unter ihnen vierzig Tage lang und redete mit ihnen vom Reich Gottes« (Apostelgeschichte 1,3). Also: Vierzig Tage lang zeigte Jesus *durch viele Beweise*, daß er tatsächlich auferstanden war. Aber unter diesen Beweisen wird kein einziges Heilungswunder erwähnt. Für Jesus war die Zeit des Heilens vorbei, er hatte sich ja jetzt durch seine Auferstehung endgültig als der Messias erwiesen. Seine Jünger würden wohl Wunder vollbringen, um ihre Botschaft von dem Auferstandenen zu untermauern, aber für Jesus selber waren Heilungen nicht mehr nötig und gehörten nicht mehr zu seinem Dienst.

Die Briefe des Neuen Testaments erwähnen die irdischen Wunder Jesu mit keinem Wort. Kein einziger ihrer Verfasser hat etwas über sie zu sagen, keiner erwähnt, daß Jesus Menschen heilte. Nirgends wird er »Christus der Heiler« genannt, und es gibt keinerlei Hinweise, daß Heilungswunder für alle Zeiten zum Leben der Gemeinde dazugehören.

Brauchen wir heute Zeichen und Wunder?

Der Apostel Johannes beantwortet diese Frage gegen Ende seines Evangeliums: »Noch viele andere Zeichen tat Jesus vor seinen Jüngern, die nicht geschrieben sind in diesem Buch. Diese aber sind geschrieben, damit ihr glaubt, daß Jesus der Christus ist, der Sohn Gottes, und damit ihr durch den Glauben das Leben habt in seinem Namen« (Johannes 20,30-31).

Johannes erwähnt in seinem Evangelium sieben »Zeichen«: die Verwandlung von Wasser in Wein bei der Hochzeit zu Kana (2,1-11), die Heilung des Sohns eines königlichen Beamten (4,46-54), die Heilung des Lahmen am Teich Betesda (5,1-15), die Speisung der Fünftausend (6,1-14), Jesu Gehen auf dem Wasser (6,16-21), die Heilung des Blinden (9,1-7) und die Auferweckung des Lazarus (11,1-44).

Diese Zeichen, so Johannes, reichen aus, um zum Glauben an Jesus zu kommen und gerettet zu werden. Zu behaupten, daß heute neue Zeichen und Wunder nötig sind, damit Ungläubige sich bekehren, heißt behaupten, daß das Wort Gottes – die Bibel, wie wir sie heute haben – mangelhaft ist und nicht ausreicht.

Die einzigen Zeichen, die nötig sind, um zu einem rettenden Glauben an Christus zu finden, sind die, die im Johannesevangelium aufgezeichnet sind – und wenn die Menschen nicht an sie glauben, werden sie auch nicht glauben, wenn jemand von den Toten auferstünde.

KAPITEL 12

Was »Heilung« heißen kann

Aber was meinen wir überhaupt, wenn wir von »Heilung« reden? Gibt es verschiedene Arten oder Grade der Heilung? In diesem Kapitel möchte ich die Terminologie erklären, mit der ich in diesem Buch über Heilung spreche. Der Einfachheit und Klarheit halber möchte ich zwischen verschiedenen Typen von Heilung unterscheiden. Meine Liste ist selbstgemacht und speziell für dieses Buch entworfen; sie beansprucht nicht, medizinisch komplett oder »wissenschaftlich« zu sein.

Letztlich kommt natürlich jede Heilung von Gott. Ob durch Medikamente oder eine Operation, Diät und Ausgleichssport oder einen direkten Eingriff Gottes – der Körper empfängt seine Heilung von dem Herrn, der ihn geschaffen hat. Der berühmte französische Chirurg Ambroise Paré (1510-90) sagte: »Ich lege den Verband auf, aber Gott heilt die Wunde.« Und an der Wand einer modernen Arztpraxis konnte man diesen Spruch lesen: »Gott schickt die Heilung, ich die Rechnung.«

1. Menschliche Heilung

Dies ist eine Heilung, zu der man irgendeine Art von äußerer Hilfe benötigt. Der Arzt verschreibt Medikamente oder sonstige Therapien, man ändert seine Diät, oder man schluckt ein Hausmittel und legt sich ins Bett. Die Bibel verbietet uns nirgends, die Dienste qualifizierter Mediziner in Anspruch zu nehmen. Paulus nennt Lukas den »geliebten Arzt« (Kolosser 4,14 Elberfelder; Lukas muß entweder sehr gut oder sehr billig gewesen sein) und empfiehlt Timotheus, etwas Wein für seinen Magen zu nehmen (1. Timotheus 5,23). J. Sidlow Baxter kommentiert exzellent:

> Wir dürfen sicher sein, daß selbst unser unendlicher Gott niemals etwas Überflüssiges tut. Er wird kein Wunder tun, wo menschliche Medizin oder Kunst völlig ausreicht. Ich glaube, daß das Beten um Heilung Hand in Hand mit der Arbeit des menschlichen Arztes gehen sollte, die ja die Antwort auf dieses Gebet sein kann, genauso, wie wir um Heilung beten sollten, wenn es um eine Krankheit geht, die die menschliche Heilkunst übersteigt.[1]

Manche Menschen suchen nicht deswegen ein Heilungswunder, weil ihre Krankheit unheilbar wäre oder sie zum Krüppel machte, sondern weil ihnen eine Operation oder sonstige Behandlung zu lästig ist. Zu behaupten, daß diese Art Heilung im Sühnetod Christi einbegriffen sei (daß Jesus also genauso für unsere Krankheiten wie für unsere Sünden gestorben sei), heißt das Kreuz geringachten. Christus ist nicht gestorben, um uns vom »Elend der Schuppenflechte« zu erlösen!

Wahrheit ist Wahrheit, und alle Wahrheit und »alle gute Gabe und alle vollkommene Gabe kommt von oben herab, von dem Vater des Lichts« (Jakobus 1,17). Ob der Arzt das weiß oder nicht – das Fachwissen, das Geschick, die Wahrheit, die ihn in den Stand setzen, eine Warze zu entfernen oder ein Herz zu verpflanzen, kommen von Gott. Wir sind nicht kleingläubig, wenn wir zum Arzt gehen, wir machen einfach von den guten Gaben Gottes Gebrauch. Der Glaube entbindet uns nicht aus der Gemeinschaft der Leidenden, und Heilung ist von Gott nicht als Ersatz für Disziplin oder als Krücke für den Faulen gedacht. Gott heilt, aber er benutzt dazu die vorhandenen Kanäle.

2. Natürliche Heilung

Hierunter verstehe ich die Fähigkeit des Körpers, sich selber zu heilen. Was Gott dort aus dem Staub der Erde geschaffen hat, ist ein Wunderwerk der Selbstheilungskräfte. Dr. Andrew Weil schreibt: »*Selbst wenn Behandlungen erfolgreich verlaufen, stellen die dabei erzielten Ergebnisse nichts weiter als die Aktivierung jener intrinsischen Heilungsmechanismen dar, die unter anderen Umständen vielleicht auch ohne äußeren Stimulus wirksam geworden wären.*« (Hervorhebung im Original)[2] Wir nehmen ihn für so selbstverständlich, daß wir schon nicht mehr staunen über diesen Körper, der ganz von alleine Schnitte, Prellungen und Halsweh heilt. Oft reicht eine Korrektur unserer Lebensgewohnheiten aus, und wir werden gesund.

Ein Arzt namens Lewis Thomas hatte eine Theorie über seine Kollegen und deren Familien, die er in einer persönlichen und zugegebenermaßen nicht voll wissenschaftlichen kleinen Untersuchung testete. Das Ergebnis: Ärzte und ihre Familien benutzen weniger Medikamente und Therapien als der Durchschnittsbürger. Thomas stellt fest: »Das große Geheimnis der Internisten und bald auch ihrer Ehefrauen, das der Öffentlichkeit nach wie vor verborgen ist, ist, daß die meisten Beschwerden von alleine besser werden – gewöhnlich schon bis zum nächsten Morgen.«[3]

3. Glaubensheilung

Unter »Glauben« verstehe ich hier nicht den Glauben an den Gott der Bibel, sondern unseren »natürlichen«

Glauben, die Art Glauben, die wir an unserem Schreibtisch oder in einem Zugabteil ausüben können: die Macht unseres Geistes, unseren Körper zu beeinflussen, die Macht der positiven inneren Einstellung. Heilung durch Glauben – das heißt, daß ich glaube, daß es mir besser gehen wird, wenn ich positiv denke.

Kein Zweifel: Unsere innere Einstellung spielt in der Tat eine entscheidende Rolle im Heilungsprozeß. Viele Heilungswunder sind »Glaubensheilungen«, die eigentlich weder wundersam noch göttlich sind. Bei vielen Funktionsstörungen (siehe Kapitel 13) kann man sich buchstäblich *gesunddenken*, genauso wie man sich *krankdenken* kann. Diese Art »Glaube« wirkt auf die Nebennierenrinde und stimuliert das körpereigene Abwehrsystem und ist ganz einfach ein Beispiel für die Macht des Geistes über die Materie.

Die Ärzte sagen übereinstimmend, daß eine positive Einstellung des Patienten zu deutlichen Besserungen führen kann. Die Statistiken der Krebsärzte bestätigen es immer wieder, daß Patienten, die an den Erfolg der Therapie glauben, eine viel bessere Prognose haben als solche, die sich aufgegeben haben.

Wohl jeder Arzt hat schon Fälle von »hysterischer Erblindung«, »hysterischen Krämpfen« oder sonstigen Symptomen erlebt, die allein darauf beruhen, daß der Patient sich krank *fühlt* oder daß übermäßiger Streß den Organismus funktionell durcheinandergebracht hat. Ein nicht verarbeitetes Trauer- oder Verlusterlebnis zum Beispiel kann in die klinische Depression führen.

Bei vielen Krankheiten, die man früher für organisch hielt, weiß man heute, daß sie eng mit dem seelischen Zustand des Patienten zusammenhängen, so daß Wade Boggs, Jr., schreiben kann: »Die Methoden von Glaubensheilern könnten daher bei Krankheiten, die durch den geistigen oder seelischen Zustand des Patienten verursacht sind, durchaus zur Heilung beitragen. Wenn der Glaubensheiler sich durch entsprechende Werbekampagnen einen imponierenden Ruf verschaffen kann, so daß ein Patient von der ›leicht beeinflußbaren‹ Sorte an seine Fähigkeiten glaubt, kann es zu einer Heilung kommen.«[4]

Seit vielen Jahren nutzen Ärzte dieses Phänomen, wenn sie ihrem Patienten ein Scheinmedikament, ein sogenanntes »Placebo«, geben. Ein Placebo hat keinerlei Wirkung, außer daß der Patient glaubt, ein »richtiges« Medikament zu schlucken, und sich daher innerlich auf eine Besserung einstellt. Diese innere Erwartung kann zu einer Entspannung und Entkrampfung des Organismus führen, was diesem die Chance gibt, wieder normal zu funktionieren.

4. Göttliche Heilung

Unter göttlicher Heilung verstehe ich ein souveränes Eingreifen Gottes, bei dem er den Körper ohne menschliche Kunst oder Methoden direkt heilt.

Ist es auch echt?

Wenn Jesus einen Menschen heilte, gab es keine Zweifel, daß wirklich ein Wunder stattgefunden hatte. Bei vielen heutigen »Heilungswundern« ist das nicht so. Wenn jemand, den wir noch nie gesehen haben und wahrscheinlich nie mehr sehen werden, im Fernsehen behauptet, daß sein Krebs durch ein Wunder verschwunden ist, kann man dem Zuschauer, der von so vielen nichtgeheilten Fällen weiß (darunter womöglich er selber), eine gewisse Skepsis nicht übelnehmen.

Gewöhnlich werden Anfragen an die Echtheit eines Heilungswunders als »Unglaube« und Widerstand gegen des Werk des Heiligen Geistes abgetan. Aber wenn wir fragen, ob tatsächlich ein Wunder vorliegt, liegt die Beweislast beim Heiler und beim Geheilten. Jesus hat die Menschen, die er heilte, nie vor kritischen Nachfragen abgeschirmt. Zu fragen: »Ist das auch wahr?« ist kein Zeichen von Unglauben. Ich wiederhole noch einmal: Die Wahrheit hat keine Angst vor Fragen.

J. Sidlow Baxter, der an Heilungswunder glaubt und ein großer Bewunderer von Kathryn Kuhlman war, sagt, daß wir die Spreu vom Weizen trennen müssen, und bietet die folgenden Kriterien an:

1. Die Krankheit oder Verletzung muß genügend ernst und langwierig sein, ferner organisch oder strukturell (nicht bloß funktionell) und von qualifizierten Ärzten professionell diagnostiziert, um jede Möglichkeit der Übertreibung oder des Betrugs bezüglich des Zustands des Patienten auszuschließen.

2. Die Heilung muß augenblicklich oder in rasch aufeinander folgenden Schritten erfolgen und so abnorm sein, daß sie nicht mehr durch Autosuggestion, Hypnose, Körpermagnetismus oder andere natürliche Ursachen erklärbar ist.

3. Die Heilung muß von qualifizierten Ärzten, darunter dem Hausarzt des Patienten, bestätigt oder (besser) überprüft sein, unter Beilegung eines vollen Fallberichts.

4. Die Heilung muß nach einem genügend langen Zeitraum erneut überprüfbar sein, um schlüssig zu zeigen, daß es sich nicht um eine bloße Remission oder vorübergehende psychosomatische Besserung handelt.[5]

Ein Kranker kann also auf verschiedene Arten gesund werden, bis hin zum direkten Heilungswunder Gottes. Der kranke Christ sollte daher die Hoffnung nie aufgeben und ganz Gott vertrauen. Echte Heilung braucht Nach-fragen nicht zu scheuen.

Ich glaube, das folgende Kapitel wird uns helfen, besser zu verstehen, wie Gott heilt.

KAPITEL 13

Wie Jesus und die Apostel heilten

Kein Zweifel: Heilungswunder spielten eine wichtige Rolle im irdischen Dienst unseres Herrn. Die verschiedenen griechischen Wörter für »Heilung« erscheinen über 80mal im Neuen Testament, darunter allein 75mal in den synoptischen Evangelien (Matthäus, Markus, Lukas) und in der Apostelgeschichte.

In einem Fünftel der ungefähr 250 literarischen Einheiten, in die man die ersten drei Evangelien einteilen kann, werden die Heilungs- und Exorzismushandlungen Jesu und seiner Jünger beschrieben oder erwähnt. Von den sieben »Zeichen« Jesu, die Johannes erwähnt, geht es bei vieren um Heilung oder Wiederherstellung. Von den 70 literarischen Einheiten des Johannesevangeliums beschreiben 12 entweder Jesu Heilungshandeln oder beziehen sich auf die Zeichen, die er vollbrachte.[1]

Die erste Erwähnung des Heilungshandelns Jesu finden wir bei der Einführung in sein öffentliches Wirken:

Und Jesus zog umher in ganz Galiläa, lehrte in ihren Synagogen und predigte das Evangelium von dem Reich und heilte alle Krankheiten und alle Gebrechen im Volk. Und die Kunde von ihm erscholl durch ganz Syrien. Und sie brachten zu ihm alle Kranken, mit mancherlei Leiden und Plagen behaftet, Besessene, Mondsüchtige und Gelähmte; und er machte sie gesund. (Matthäus 4,23-24)

Wie vorhin schon erwähnt: Es geht uns nicht nur um die Frage, ob Gott heute heilt, sondern darum, ob die Kirche in einer Renaissance des irdischen Heilungswirkens Jesu und seiner Jünger steht. Hat Gott den Gemeinden von heute den gleichen Heilungsauftrag gegeben wie damals Jesus und den Aposteln? Falls ja, dann müßte es eine unverkennbare Ähnlichkeit zwischen den Heilungen im Neuen Testament und denen heute geben. In diesem Kapitel wollen wir die im Neuen Testament berichteten Heilungen untersuchen. Was waren ihre Merkmale im Vergleich zu heutigen Heilungswundern?

1. Die von Jesus und den Aposteln geheilten Krankheiten und Gebrechen galten damals als unheilbar, und die meisten sind es heute noch

Grob gesprochen, gibt es zwei Grundtypen von Gesundheitsstörungen: organische und funktionelle. Bei organischen Krankheiten kommt es zu Veränderungen in der Struktur des Körpergewebes, die mit dem bloßen Auge oder unter dem Mikroskop, durch Röntgen- und andere Aufnahmen, einen Blut- oder Urintest oder eine Gewebeprobe (Biopsie) festgestellt werden können. Krebs, Lungenentzündung, Hirnhautentzündung, Kinderlähmung, rheumatische Arthritis und Diabetes sind Beispiele für organische Krankheiten.

Funktionelle Beschwerden sind wesentlich schwieriger einzuordnen, weil es bei ihnen selten zu strukturellen Defekten kommt; es lassen sich keine Veränderungen des Körpergewebes nachweisen. Dies bedeutet nicht, daß die Symptome oder der Schmerz nur eingebildet wären! Sie sind real, aber ihre Ursache ist eine Veränderung in der *Funktion* des Organismus, nicht in seiner Struktur.

Chronischer Streß, Angst, Übermüdung und falsche Eßgewohnheiten können zu Fehlfunktionen von Organen führen, mit handgreiflichen Symptomen wie Kopfweh, Rücken- und Brustschmerzen, Schwindel u.a. Das Organ ist strukturell gesund, verhält sich aber so, als sei es krank.

Viele funktionelle Beschwerden, so die Ärzte, sind mit bestimmten Persönlichkeitstypen gekoppelt. Andere sind genetisch vorgeprägt und werden durch ein emotionelles Trauma wie Streß, Überspannung, Wut oder Angst ausgelöst. Die typische »Managerkrankheit« Magengeschwür zum Beispiel ist eine psychosomatische Erkrankung, die durch Streß, Sorgen oder auch zuwenig Schlaf verursacht wird, und beim »Asthmatikertyp« machen sich innere Spannungen in Asthma-Anfällen Luft. Kurz: Chronischer Streß kann die Funktion von Organen beeinträchtigen.

Wenn ein Mensch emotional oder innerlich aus dem Gleichgewicht geworfen ist, beginnt sein Körper abnorm zu funktionieren. Der Arzt spricht von »psychophysiologischen« Störungen, die sich schließlich zu psychosomatischen Erkrankungen auswachsen. Sie sind eine Geißel der modernen Welt geworden. Dr. Paul Tournier kommentiert: »Die Schrecken vergangener Jahrhunderte waren die großen menschlichen Seuchen: die Cholera, die Pest, die Pocken, das Kindbettfieber. Auf diesem Gebiete . . . ist der Erfolg der Medizin wirklich ein Triumph gewesen. Leider bedroht ein neues Gespenst die Menschheit von heute: ihr nervöser Zustand. Die Zahl der Klein-Psychopathen, der an funktionellen Störungen, an Neurosen und Psychosen Erkrankten hat seit einem Jahrhundert katastrophale Ausmaße angenommen.«[2]

In der Tat: Die weitaus meisten der Krankheiten, die die Ärzte zu behandeln haben, beginnen als durch Streß, Verspannung oder seelische oder körperliche Erschöpfung ausgelöste funktionelle Störungen. Wenn Sie heute Ihren Arzt fragen: »Bin ich nun wirklich krank, oder bilde ich mir das nur ein?«, wird er Ihnen wahrscheinlich ungefähr so antworten: »Wir trennen heute nicht mehr strikt zwischen Körper und Seele.«

Für den überwiegend in der Behandlung organischer Krankheiten ausgebildeten Arzt und seinen Patienten ist der Frust groß, wenn es unmöglich ist, eine exakte Diagnose zu formulieren und auf Anhieb die richtige »Schublade« für die Beschwerden zu finden. Symptome wie Schwindel, Übelkeit, Kopf- und Rückenschmerzen können auf eine organische Erkrankung hinweisen, aber auch »nur« ein Zeichen von Erschöpfung und Überarbeitung sein. In vielen Fällen verschwinden die Symptome, wenn der Streß verschwindet.

Es ist daher keine Hexerei, wenn »Glaubensheilung«, wie ich sie im letzten Kapitel definiert habe, manchmal funktioniert.

Jesus heilte organische Krankheiten, wie verkrüppelte Hände, Blindheit, Taubheit – sämtlich Fälle, in denen kein Zweifel bestand, daß wirklich ein Wunder vorlag. Die von Jesus und seinen Jüngern vollbrachten Heilungen waren nicht, wie so viele »Heilungen« heute, natürliche Remissionen, und sie betrafen nicht psychosomatische Störungen oder Bagatellerkrankungen, die sich von alleine wieder geben, wie die Sieben-Tage-Erkältung oder der 24-Stunden-Virus.

2. Jesus heilte mit einem Wort oder einer Berührung

Die einzige Stelle, wo Jesus andere Hilfsmittel benutzt, ist Johannes 9,6: »Als er das gesagt hatte, spuckte er auf die Erde, machte daraus einen Brei und strich den Brei auf die Augen des Blinden.« Wir erfahren nicht, warum Jesus diesen Brei benutzte. Vielleicht wollte er damit zeigen, daß er an keine Methode gebunden war. Die Bibel erwähnt nicht, daß Jesus je das im alten Orient häufigste Hilfsmittel benutzt hätte – das Salben mit Öl.

3. Jesus heilte jeden, der zu ihm kam

Unser Herr war ein bemerkenswert erfolgreicher Heiler. Bei ihm brauchte niemand enttäuscht auf seinen Krükken wieder wegzuhumpeln; kein Ungeheilter bekam zu hören, daß er zuwenig Glauben oder verborgene Sünden habe.

Und Jesus arbeitete rasch und sanft. Ich habe moderne Heiler erlebt, bei denen ich schier um das Leben des Patienten fürchtete, dem der Kopf hin- und hergerissen wurde, begleitet von lautem Schreien und Stampfen. Bei Jesus gab es keine ellenlangen lauten Gebete, kein Ringen und Kämpfen. Und keiner mußte enttäuscht oder betreten wieder weggehen. Kein einziges Mal mußte Jesus den verunsicherten Gläubigen erklären, warum es diesmal nicht geklappt hatte.

4. Jesus heilte auch, ohne auf den Glauben zu sehen

Angesichts der heutigen Betonung des Glaubens als unbedingter Voraussetzung zur Heilung muß uns dies überraschen. Natürlich haben viele der Geheilten geglaubt, daß Jesus sie heilen konnte, aber er hat diesen Glauben nie zur Vorbedingung gemacht, ja bei einigen seiner beachtlichsten Wunder wird der Glaube mit keinem Wort erwähnt – so bei der Heilung der Schwiegermutter des Petrus (Matthäus 8,14) und des Menschen mit der verdorrten Hand (Matthäus 12,10-13). Manche der Geheilten erlebten ihre Heilung als absolute Überraschung.

Aber wie ist es mit Matthäus 13,58: »Und er tat dort nicht viele Zeichen wegen ihres Unglaubens«? Als Jesus in der Synagoge seiner Heimatstadt Nazareth auftrat, stand den Leuten der Mund offen. Der da vorne, das war doch der Zimmermannssohn, mit dem sie als Kinder auf der Straße gespielt hatten. Und der wollte der Messias sein? Unmöglich! Ihr Unglaube bestand also nicht darin, daß sie nicht glaubten, das Jesus heilen konnte, sondern sie glaubten nicht, daß er der verheißene Messias war – und *darum* tat Jesus nicht viele Zeichen unter ihnen.

Maria und Marta hatten geglaubt, daß Jesus Lazarus heilen konnte, solange er noch lebendig war, aber eine Totenauferweckung – das konnten sie sich nicht vorstellen. Ich bezweifle, daß Malchus, dessen Ohr Petrus im Garten Gethsemane abhieb, glaubte, daß Jesus ihn heilen konnte. Und der besessene Gerasener in Markus 5 glaubte ganz bestimmt nicht bei seiner Heilung. In Apostelgeschichte 3 heilen Petrus und Johannes einen Lahmen, der lediglich ein paar Münzen erwartete.

Claus Westermann kommentiert zu Abrahams Reaktion auf Gottes Ankündigung, daß ein Sohn Saras und nicht Ismael der Sohn der Verheißung sein wird (1. Mose 17,8), daß Abrahams Bitte für Ismael impliziert, »daß Abraham der Sohnesverheißung an Sara nicht glaubte«. Er fährt fort, daß »Gott seine Verheißung ausführt, ohne daß er dabei an den Glauben Abrahams gebunden wäre; was Gott verheißen hat, das tut er, gleich, wie sich die Menschen dazu stellen.«[3]

Schließlich heilte Jesus auch Menschen, die nicht selber glaubten, sondern für die andere glaubten. Wie bei dem Knecht des Hauptmanns von Kapernaum: Auf die Bitte des Hauptmanns (nicht des Kranken!) hin sagt Jesus: »Geh hin; dir geschehe, wie du geglaubt hast« (Matthäus 8,13). Oder wie bei dem Gichtbrüchigen, den vier Freunde durch das Dach zu Jesus hinunterlassen. »Und als er *ihren* Glauben sah, sprach er: Mensch, deine Sünden sind dir vergeben« (Lukas 5,20, Hervorhebung von mir). Und Johannes berichtet, wie der Sohn eines königlichen Beamten aufgrund des Glaubens seines Vaters (Johannes 4,50) geheilt wird.

Wir werden uns den Heilungsabschnitt in Jakobus 5 später noch genauer vornehmen; für den Augenblick möchte ich nur eines festhalten. Der Text lautet: »Ist jemand unter euch krank, der rufe zu sich *die Ältesten der Gemeinde*, daß *sie* über ihm *beten* und ihn salben mit Öl in dem Namen des Herrn. Und *das Gebet des Glaubens* wird dem Kranken helfen ...« (Jakobus 5,14-15, Hervorhebung von mir). Man beachte, daß hier die Gemeindeältesten über dem Kranken beten sollen und daß es *ihr* Gebet ist und nicht das des Kranken selber, das zur Heilung führt.

Aber ich habe noch nie erlebt, daß ein Glaubensheiler zugegeben hätte, daß sein eigener Kleinglaube die Heilung eines Kranken unmöglich machte. Stets wird die Schuld dem Kranken in die Schuhe geschoben. »Du glaubst nicht genug« – welch praktische Entschuldigung für den verhinderten Heiler; *ihn* gehen sie nichts an, die zerstörten Hoffnungen, die von Schuldgefühlen und Zweifel zerrissenen Herzen, die Todesfälle, die doch nicht sein durften; es ist ja nicht seine Schuld ...

5. Jesus heilte stets sofort und vollständig

»Und Jesus sprach zu dem Hauptmann: Geh hin; dir geschehe, wie du geglaubt hast. Und sein Knecht wurde gesund zu derselben Stunde« (Matthäus 8,13).

»Und sogleich versiegte die Quelle ihres Blutes, und sie

spürte es am Leibe, daß sie von ihrer Plage geheilt war« (Markus 5,29).

»Und als er sie sah, sprach er zu ihnen: Geht hin und zeigt euch den Priestern! Und es geschah, als sie hingingen, da wurden sie rein« (Lukas 17,14). Die Worte »als sie hingingen« bedeuten nicht, daß die Heilung allmählich vor sich ging. Das griechische Wort für »wurden sie rein« steht grammatisch im Aorist, der hier ein plötzliches Geschehen signalisiert.

In Lukas 6,10 wird ein Mann mit einer verdorrten Hand augenblicklich geheilt: »Und er sah sie alle ringsum an und sprach zu ihm: Strecke deine Hand aus! Und er tat's; da wurde seine Hand wieder zurechtgebracht.« Ähnlich bei der Heilung des Lahmen am Teich Betesda: »Jesus spricht zu ihm: Steh auf, nimm dein Bett und geh hin! Und sogleich wurde der Mensch gesund und nahm sein Bett und ging hin« (Johannes 5,8-9).

Dies ist ein weiteres Merkmal der Heilungen im Neuen Testament: Sie kamen abrupt, plötzlich, fast unerwartet. Jesus benötigte nicht mehrere Tage der Vorbereitung, in denen der Kranke jede Sünde zu bekennen, mit Gott und seinen Nächsten ins reine zu kommen, drei Tage lang zu fasten hatte usw.

Er ermahnte die Geheilten auch nie, eine positive innere Einstellung zu bewahren und am Glauben festzuhalten. Einem solchen Vorgehen noch am nächsten kommt seine Anweisung an den Lahmen am Teich Betesda: »Siehe, du bist gesund geworden; sündige hinfort nicht mehr, daß dir nicht etwas Schlimmeres widerfahre« (Johannes 5,14). Aber auch dieser Mann wurde auf der Stelle geheilt.

Dagegen rät ein moderner Autor seinen Lesern folgendes:

Mache aus der Heilungsverheißung eine Zusage und wiederhole sie so lange, bis du ganz von ihrer Realität überzeugt bist, bis dein Herz sie unerschütterlich glaubt – und du wirst sehen, wie deine Symptome verschwinden. ... Wiederhole solche Zusagen viele Male am Tage mit lauter Stimme. Verwende täglich fünf, zehn oder fünfzehn Minuten darauf, sie laut zu proklamieren, und du wirst sehen, daß sie wahr sind und daß Jesu Auferstehungsleib in deinem sterblichen Leib Gestalt annimmt. Deine Symptome werden vergehen. Sie werden in direktem Verhältnis zur Klarheit und Kraft deines Glaubens verschwinden. In dem Augenblick, wo dein Glaube vollkommen wird, wird deine Heilung vollständig sein.[4]

Dies ist ein typisches Beispiel für die Art von seelsorgerlichem Rat, der vielen, die geheilt werden wollen, gegeben wird. Aber dieser Rat hat keine Parallele in der Schrift. Nicht eine der im Neuen Testament aufgezeichneten Heilungen kam auf diese Art zustande; an keiner Stelle finden wir Anweisungen, wie der Autor des obigen Zitats sie gibt.

Wer behauptet, daß erst unser Glaube perfekt sein muß, bevor wir völlig geheilt werden können, der übersieht, daß fast alle, die zu Jesus kamen, um geheilt zu werden, einen schwachen, unvollkommenen Glauben hatten – und Jesus ging auf diesen Glauben ein, denn das Wichtigste beim Glauben ist nicht seine Größe, sondern das Ziel, auf das er sich richtet, nämlich Jesus.

Als biblische Untermauerung von Strategien vom Typ »positives Denken« wird gerne Hebräer 10,23 zitiert: »Laßt uns festhalten an dem Bekenntnis der Hoffnung und nicht wanken; denn er ist treu, der sie verheißen hat.« Ähnliche Aussagen finden sich in Hebräer 3,1 und 4,1. Aber diese Verse zur Stützung einer Heilungstheologie heranzuziehen heißt, sie aus ihrem Zusammenhang zu reißen. Dieser zeigt sehr deutlich, daß es in ihnen mitnichten um Heilung geht, sondern vielmehr um den Glauben an Jesus als den verheißenen Messias und Hohenpriester (nicht als Heiler) und um den Abfall von diesem Glauben.

Vielleicht sagen Sie jetzt: »Aber bei mir hat es funktioniert!« Ich glaube Ihnen; bei bestimmten funktionellen Beschwerden kann diese Methode helfen. Aber die eigentliche Frage ist nicht, ob »es funktioniert«, sondern ob »es biblisch ist«. Erleben wir heute eine Neuauflage der Heilungswunder Jesu? Erfolgen die heutigen Heilungen nach dem gleichen Muster wie damals bei Jesus? Und die Antwort ist: Nein.

Krankheit oder Symptome?

Die Heilungen Jesu geschahen sofort und waren vollständig. Wir finden es in der Bibel nicht, daß ein Kranker geheilt wurde, aber nach wie vor unter den alten Symptomen litt. Aussagen wie: »Du bist geheilt, dein Körper weiß es nur noch nicht« oder: »Glaube Gott und nicht deinen Symptomen« entbehren jeder biblischen Grundlage; so gingen Jesus und seine Jünger nie vor. Was für einen Wert hat es, wenn ich von einer Erkältung »geheilt« bin, aber eine ganze Woche weiterniese und huste und Fieber habe? Was ist es für ein Zeugnis an die Welt, wenn ich behaupte, Gott habe mich geheilt, wo doch jeder sehen kann, daß ich nach wie vor krank bin? Was soll das für ein Gott sein, der Macht hat, zwar die Krankheit wegzunehmen, aber nicht das Leiden, das sie verursacht?

Was für ein Vater ist Gott?

Ein Freund von mir hatte Krebs im Endstadium. Er und viele andere hatten um seine Heilung gebetet, als sein göttliches Vorrecht in Christus. Aber er starb. Ein anderer Freund versuchte, dies so zu erklären: »Er hatte Glauben, aber offenbar wurde dieser zum Schluß zu schwach, so daß er sich seine Heilung verwirkte.«

Was für ein Gott soll das sein? Welcher Vater würde sein Kind mit so kalter Berechnung behandeln? Können Sie sich einen Vater vorstellen, der seinem ertrinkenden Kind sagt: »Ich rette dich, aber nur, wenn du mir völlig vertraust. Und wenn ich dich schon an der Hand gepackt habe – wenn dein Glaube nachläßt, lasse ich dich wieder los, und du gehst unter.« Hier wird aus Glauben Leistungsdruck – keine Chance mehr für den Schwachen, der doch die Hilfe am dringendsten bräuchte. Dies ist nicht der Vater, den Jesus uns geoffenbart hat!

6. Es gab keine Rückfälle

Weder in den Evangelien noch in der Apostelgeschichte finden wir einen Hinweis darauf, daß jemand, den Jesus oder seine Jünger geheilt hatten, wieder seine alte Krankheit bekam. Aber in der Heilungsbewegung unserer Tage kommt es zu zahllosen Rückfällen. Wade H. Boggs stellt fest, daß »die vielen, die . . . öffentliche Heilungszeugnisse hören, nur selten auch die Folgen der angeblichen Heilungen mitbekommen. Es gibt Fälle, wo als unheilbar krank diagnostizierte Menschen sich irrigerweise für geheilt halten . . ., nur um später einen Rückfall zu erleiden.«[5]

Tatsache ist: Kein medizinischer Laie hat die Qualifikation dazu, seine eigene Krankheit zu diagnostizieren oder seine Heilung festzustellen. Selbst hochqualifizierte Ärzte sind sich in ihrer Diagnose nicht immer einig, und manchmal irren sie alle. »Öffentliche Heilungszeugnisse in Situationen großer Erregung und emotionaler Aufgewühltheit sind wertlos.«[6]

7. Jesus weckte Tote auf

Jesus scheute sich nicht, eine Versammlung auf einem Friedhof abzuhalten und unter Einsatz seines guten Rufes zu sagen, welcher Leichnam (Lazarus) gleich wieder lebendig werden würde. Die heutigen Heiler dagegen machen um Friedhöfe und Leichenhallen einen weiten Bogen.

In den letzten Jahren sind zahlreiche Bücher und Artikel über »Sterbeerlebnisse« erschienen. Die meisten der zeitweilig Gestorbenen »starben« auf dem Operationstisch. Manche fuhren angeblich in den Himmel, andere schwebten über ihrem eigenen Körper und beobachteten die – erfolgreichen – Bemühungen der Ärzte, sie wiederzubeleben. Aber ein Mensch, der unter Narkose steht, ist kein sehr zuverlässiger Zeuge. Erfahrungen können sich nicht selber beweisen. Es mag hier der Hinweis genügen, daß, wie Hans Küng feststellt, diese klinisch Toten zwar an der Schwelle des Todes, aber noch nicht wirklich tot waren.[7]

Dann und wann hört man wohl Berichte, daß irgendwo jemand, der »richtig« tot und bereits begraben war, wieder auferweckt worden sei. Aber wenn tatsächlich jemand wie Lazarus, der bereits tagelang tot und im Grab gewesen war, auferweckt würde – man würde es sich nicht unter ein paar christlichen Insidern zuraunen, es würde in großer Aufmachung in sämtlichen Zeitungen stehen, und die großen Fernsehsender würden diesen Menschen noch in seinem Totenhemd vor die Kamera zerren.

J.I. Packer kommentiert im Zusammenhang mit den Heilungen Jesu und seiner Jünger: »Was immer man sonst über das Wirken der pfingstlerischen und charismatischen Heiler unserer Zeit und all derer, denen das Beten für die Kranken eine besondere göttliche Berufung geworden zu sein scheint, sagen kann – eine solche Erfolgsbilanz hat keiner von ihnen vorzuweisen.«[8]

8. Jesus war meist dagegen, daß seine Wunder an die große Glocke gehängt wurden

Als ich die Merkmale der neutestamentlichen Heilungen untersuchte, haben die ersten sieben Punkte mich nicht weiter überrascht. Anders dieser achte. Ich hatte ihn schier nicht für möglich gehalten, steht er doch in solch scharfem Gegensatz zu den heutigen Gepflogenheiten. Wenn wir erleben, wie ein Kranker – vor allem einer, der laut anerkanntem ärztlichem Gutachten unheilbar krank ist – geheilt wird, sind wir begeistert: Das muß die ganze Welt wissen! Alles andere, so meinen wir, wäre ein Fehler.

Doch Jesus hielt nichts von solcher Publicity. Dem geheilten Aussätzigen in Matthäus 8,4 sagt er: »Sprich mit niemandem über deine Heilung« (Hoffnung für alle). In Matthäus 9,30 weist er die beiden Blinden strikt an: »Seht zu, daß es niemand erfahre!« In Matthäus 12,16 befiehlt er einer großen Menge Geheilter zu schweigen; ähnlich nach der Heilung eines Taubstummen (Markus 7,36). Jairus und seiner Frau befiehlt er, niemandem zu sagen, daß er ihre Tochter auferweckt hat (Lukas 8,56).

Die Gefahr der Ablenkung

Warum dies? Nun, Jesus wußte, daß die Menschen durch solche Wunder in eine falsche Begeisterung geraten und annehmen würden, daß er ein glorreiches irdisches Königreich errichten wolle. Nach der Speisung der Fünftausend lesen wir denn auch: »Als nun die Menschen das Zeichen sahen, das Jesus tat, sprachen sie: Das ist wahrlich der Prophet, der in die Welt kommen soll. Als Jesus nun merkte, daß sie kommen würden und ihn ergreifen, um ihn zum König zu machen, entwich er wieder auf den Berg, er selbst allein« (Johannes 6,14-15).

In Markus 1,45 setzt sich der geheilte Aussätzige über Jesu Verbot hinweg und macht seine Heilung überall bekannt, »so *daß Jesus hinfort nicht mehr öffentlich in eine Stadt gehen konnte;* sondern er war draußen an einsamen Orten; doch sie kamen zu ihm von allen Enden« (Hervorhebung von mir).

Die Ausnahme in Markus 5,19, wo Jesus den Geheilten anweist, den anderen zu berichten, was mit ihm geschehen ist, bestätigt die Regel. In der Gegend der Gerasener bestand keine Gefahr, daß man Jesus mit Gewalt zum König machen würde. Im Gegenteil: Hier stand man ihm sehr ablehnend gegenüber, und dies wollte er korrigieren.

Noch mehrere Male mußte Jesus sich vor den Menschen in einsame Gegenden zurückziehen, um einer falschen Begeisterung entgegenzusteuern.

Es ist offensichtlich, daß Jesus nicht wollte, daß die Menschen vor lauter Wunderbegeisterung den eigentlichen Grund für sein Kommen nicht sahen. Er wußte nur zu genau, daß ihnen die Wunder wichtiger waren als der Glaube, der zu ihnen führte. Sie wollten ihn als Brotkönig haben.

Was genau das war, was die Propheten vorhergesagt hatten. In Matthäus 12,15-21 lesen wir:

... Jesus ... gebot ihnen, daß sie ihn nicht offenbar machten, damit erfüllt würde, was gesagt ist durch den Propheten Jesaja, der da spricht: »Siehe, das ist mein Knecht, den ich erwählt habe, und mein Geliebter, an dem meine Seele Wohlgefallen hat; ich will meinen Geist auf ihn legen, und er soll den Heiden das Recht verkündigen. Er wird nicht streiten noch schreien, und man wird seine Stimme nicht hören auf den Gassen; das geknickte Rohr wird er nicht zerbrechen, und den glimmenden Docht wird er nicht auslöschen, bis er das Recht hinausführt zum Sieg; und die Heiden werden auf seinen Namen hoffen.«

Die Zeiten haben sich nicht viel geändert, und das menschliche Herz gar nicht. Seien wir doch ehrlich: Es bringt uns mehr auf Touren, wenn ein körperlich Kranker geheilt wird, als wenn eine Seele gerettet wird.

Nehmen wir einmal an, daß in Ihrem nächsten Sonntagsgottesdienst zwei Dinge passieren: Ein von Geburt an Gelähmter wird plötzlich durch ein Wunder gesund, und ein kleiner Junge nimmt Christus als seinen Heiland und Herrn an. Welches der beiden Ereignisse wird die Leute mehr begeistern? Ohne Zweifel die Heilung. Aber vergleichen wir doch einmal die beiden Wunder: Das eine ist ein physisches, das andere ein geistliches. Das eine ist vorübergehend, denn irgendwann muß der Geheilte sterben; das andere ist ewig, denn der Junge ist für immer erlöst. Das physische Wunder erfordert nur ein Wort von Gott; das geistliche – die Rettung des Jungen – hat ihn seinen einzigen Sohn gekostet.

Es ist kein Geheimnis, warum das Gesundheits- und Wohlstandsevangelium so beliebt ist. Es spricht unsere Sinnlichkeit an. Als kürzlich ein Bürger unserer Stadt gefragt wurde, warum er bei einer Wahl für einen bestimmten Kandidaten stimmte, antwortete er: »Er gibt uns, was wir wollen.«

Vance Havner schreibt:

Wenn heute jemand aus der tiefsten Gosse zu Christus findet – und Gott sei gedankt für jede solche Bekehrung – und seine Geschichte erzählt, geht das »Aah!« und »Ooh!« auf den Bänken los; aber wenn jemand schlicht erzählt, wie Gott ihn von Kind auf getragen und bewahrt hat, heißt es oft: »Na und?« Vom Krebs geheilt – das ist schlagzeilenverdächtig; zu erzählen, wie derselbe Gott, der die Kranken heilt, einen bis ins Alter gesund erhalten hat, bringt wenig Punkte ein.[9]

Mag sein, daß ehrliche Prediger Heilungen als Wegweiser zu Christus benutzen wollen, aber »Heilungen« haben es nun einmal an sich, daß sie die Erlösung aus dem Rampenlicht verdrängen. Statt Jesus stehen auf einmal die Wunder im Vordergrund, als die großen Paradestücke des Glaubens, an denen sich Preis und Anbetung entzündet.

Die körperliche Heilung zum großen Zugpferd unserer Arbeit und unseres Werbens zu machen ist ein Verstoß sowohl gegen das Gebot als auch gegen das Beispiel unseres Herrn. Allein schon diese Tatsache sollte uns zeigen, daß die moderne Gesundheits- und Wohlstandsbewegung biblisch auf schwankendem Boden steht.

Aber warum dann die Wunder?

Die Wunder Christi gehören in die Zeit, in der sie vollbracht wurden. Sie waren die übernatürliche Beglaubigung, daß Jesus tatsächlich der Messias war. Sie waren Zeichen für damals und nicht Garantien für heute oder Vorbilder für heutige Prediger.

Als Johannes der Täufer von Herodes ins Gefängnis geworfen wurde, kamen ihm Zweifel daran, wer Jesus wirklich war, und er sandte Boten zu ihm und ließ ihn fragen: »Bist du es, der da kommen soll, oder sollen wir auf einen anderen warten?« Jesus warf ihm sein Zweifeln nicht vor, sondern trug den Boten auf: »Geht hin und sagt Johannes wieder, was ihr hört und seht: Blinde sehen und Lahme gehen, Aussätzige werden rein und Taube hören,

Tote stehen auf, und Armen wird das Evangelium gepredigt« (Matthäus 11,3-5).

Der Apostel Johannes sagt gegen Ende seines Evangeliums: »Noch viele andere Zeichen tat Jesus vor seinen Jüngern, die nicht geschrieben sind in diesem Buch. Diese aber sind geschrieben, damit ihr glaubt, daß Jesus der Christus ist, der Sohn Gottes, und damit ihr durch den Glauben das Leben habt in seinem Namen« (Johannes 20,30-31).

Man beachte, daß Johannes die Wunder Jesu als *Zeichen* bezeichnet. So heißt es bei dem Weinwunder bei der Hochzeit zu Kana: »Das ist das erste Zeichen, das Jesus tat, geschehen in Kana in Galiläa, und er offenbarte seine Herrlichkeit. Und seine Jünger glaubten an ihn« (Johannes 2,11). Ein *Zeichen* – das war eine Handlung bzw. Wunder, »das die Funktion hatte, zum Glauben an Jesus als Messias und Sohn Gottes zu führen«.[10]

Jesu Wunder waren Mittel zum Zweck – einem Zweck, der größer war als sie selber. Ich will damit nicht behaupten, daß Jesus das Leiden der Menschen um ihn egal war oder daß seine Heilungen nicht aus Mitleid entsprangen. Aber dieselbe Handlung kann mehreren Zwecken dienen. Johannes wie auch die übrigen Evangelisten machen klar, daß der Hauptzweck der physischen Wunder Jesu nicht die Heilung als solche, sondern der unleugbare Beweis seiner Gottessohnschaft war.

Und das gleiche gilt für die Wunder der Apostel; sie dienten der Beglaubigung ihrer Botschaft und ihres Dienstes.

Heute, wo der biblische Kanon längst abgeschlossen ist und der Heilige Geist in uns wohnt und wirkt, braucht es keine Beglaubigungswunder mehr.

Ein Wort zum Schluß

In ungewöhnlichen Zeiten handelt Gott oft ungewöhnlich. Bei geistlichen Aufbrüchen und Erweckungen erlebt man außergewöhnliche Offenbarungen seiner Macht, und diese sind dazu da, die Aufmerksamkeit der Menge zu wecken und die Botschaft als von Gott kommend zu beglaubigen. Wer jedoch verlangt, daß solche Ausnahmephänomene zur Norm für den Alltag der Gemeinde werden, der hat Gottes Wege mißverstanden. Ich darf wieder Sidlow Baxter zitieren:

> Weder aus den Wundern unseres Herrn noch aus denen der Apostel können wir den Schluß ziehen, daß Gott will, daß dergleichen Dinge noch heute geschehen. *Wenn* er dies wollte, dann würden alle, die heute eine Heilung begehren, ohne Ausnahme geheilt werden, wie in den Tagen unseres Herrn und der Apostel. Aber Tausende, die zu Heilungsveranstaltungen kommen, werden *nicht* geheilt, und dieser ganz einfache, praktische Test zeigt uns, daß die heutigen Heilungen nicht auf der gleichen Basis stehen wie die in jenen Tagen damals.[11]

Baxter sagt damit nicht, daß Gott heute nicht mehr heilt, und ich sage das auch nicht. Doch, Gott heilt auch heute. Ich sage lediglich, daß die Heilungswunder des Neuen Testaments nicht als Modell für die heutigen Heilungen gedacht waren.

KAPITEL 14

Warum werden wir krank?

Der Leidende erlebt wie kaum ein anderer die ganze Ungerechtigkeit des Daseins. Hier ist ein Mensch, der gottlos, böse – und kerngesund ist, und dort muß der Heiligste der Heiligen durch ein Leiden nach dem anderen gehen. Kein Wunder, daß Philosophen, Theologen und ganz normale Sterbliche wie Sie und ich seit Jahrhunderten versuchen, dieses Rätsel zu lösen.

Und diese Suche hat auch Antworten geliefert, die indessen oft gar zu einfach sind. Wir sollten immer mißtrauisch sein, wenn auf komplexe Probleme einfache Antworten gegeben werden. Ein Autor zum Beispiel hat dieses zu sagen: »Wer krank wird, hat auf irgendeine Weise die Gesetze der Gesundheit verletzt. Will er wieder gesund werden, muß er das verletzte Gesetz einhalten.«[1] Als ich meinem Arzt das vorlas, sagte er: »Na prima, klingt echt gut – so einfach, so wahr. Nur daß es leider nicht stimmt.«

Der zitierte Autor denkt in seiner Naivität überhaupt nicht an jene Menschen, die ohne jedes eigene Verschulden eine Krankheit von ihren Eltern geerbt haben. Sie könnten so viele Gesetze der Gesundheit einhalten, wie sie wollten, es würde ihnen nichts nützen.

Und was sind denn überhaupt die Gesetze der Gesundheit? Selbst die Ärzte können sich nicht einigen und ändern ständig ihre Meinung. »Essen Sie viel Leber«, sagte der Hausarzt meiner Frau, »das ist gut gegen Ihren Eisenmangel.« Aber heute wird vor dem hohen Cholesteringehalt der Leber gewarnt . . .

Außerdem weiß natürlich nicht jeder Kranke, gegen

welche Gesetze der Gesundheit er verstoßen hat und welche er folglich einhalten muß, um gesund zu werden.

Kaye läuft gerne mehrere Meilen pro Tag (ich fahre den Schrittmacher-Wagen), aber eine lange Regenperiode hielt sie im Haus fest. Um dies auszugleichen, kaufte sie sich ein Trampolin. Während sie beim Einkaufen war, saß ich im Wagen und las einen hochinteressanten Zeitungsartikel: »Tierversuche zeigen Verbindung zwischen Ausgleichssport und Krebs«. Forscher der Membrane Bioenergetics Group an der University of California stellten bei Versuchen mit Ratten und Meerschweinchen fest, daß körperliche Anstrengung große Mengen von Stoffen freisetzt, die mit Krebs und Altern in Verbindung gebracht werden. Dr. Lester Packer kommentierte: »Je mehr wir forschen, um so deutlicher wird es, daß überall Risiken lauern und daß wir es uns letztlich aussuchen müssen, welches Risiko wir lieber wollen.«[2]

Wir kennen das doch: Da ist jemand die Gesundheit in Person; er raucht nicht, trinkt nicht, ißt Obst, Salat und Körner, schläft sich aus, hält sich fit, wohnt in einer atomfreien Zone – und dann fällt er auf dem Trimm-dich-Pfad um und ist tot. Ich werde nie das Bild vergessen, das ich in den 60er Jahren in der Zeitung sah – just an dem Tag, wo ein großer Bericht über die gesundheitsschädlichen Wirkungen des Rauchens erschien. Auf derselben Seite wie dieser Bericht war ein Foto des berühmten Schriftstellers Somerset Maugham, wie er seinen 90. Geburtstag feierte, Zigarette im Mund . . .

Unter den Anhängern der Heilungstheologie ist die mit Abstand beliebteste Erklärung für Krankheiten der Teufel. Krankheiten, so heißt es, sind immer die Folge der Sünde und vom Teufel geschickt. Wenn aber Kranksein vom Teufel kommt, muß es gegen den Willen Gottes sein. Woraus dann folgt, daß es immer Gottes Wille ist, zu heilen.

Mag sein, daß der Teufel Krankheiten verursachen kann. Aber: Die Bibel lehrt uns, daß Gott die Macht über alles hat, auch über den Teufel. Der Satan kann nur innerhalb der ihm von Gott gesetzten Grenzen wirken. Wie bei Hiob: Der Teufel konnte ihn nicht ohne Gottes Erlaubnis anrühren, und auch dann nur innerhalb bestimmter Grenzen (Hiob 1,12; 2,6). Und wir sind nicht »unbiblisch«, wenn wir sagen, daß Gott oft das Böse und den Bösen für sein Erlösungshandeln einspannt. »Wenn Menschen wider dich wüten, bringt es dir Ehre« (Psalm 76,11).

Der Prophet Jesaja stellte Assyrien als Werkzeug des Zornes Gottes dar: »Wehe Assur, der meines Zornes Rute und meines Grimmes Stecken ist! Ich sende ihn wider ein gottloses Volk und gebe ihm Befehl wider das Volk, dem ich zürne ... Aber er meint's nicht so, und sein Herz denkt nicht so ...« (Jesaja 10,5-7). Hier wird Assyrien als Gottesdiener wider Willen dargestellt, als von Gott in seiner Erlösungsstrategie benutzter Spielstein.

Ähnlich war es bei dem Perserkönig Kyros: »So spricht der Herr zu seinem Gesalbten, zu Kyrus, den ich bei seiner rechten Hand ergriff, daß ich Völker vor ihm unterwerfe und Königen das Schwert abgürte ... Um Jakobs ... willen rief ich dich bei deinem Namen und gab dir Ehrennamen, obgleich du mich nicht kanntest. ... Ich habe dich gerüstet, obgleich du mich nicht kanntest« (Jesaja 45,1.4.5).

Als Habakuk klagt, daß Gott nichts unternimmt, während das Land innerlich zerfällt und von außen von den Chaldäern bedroht wird, antwortet Gott ihm: »Schauet hin unter die Heiden, sehet und verwundert euch! Denn ich will etwas tun zu euren Zeiten, was ihr nicht glauben werdet, wenn man davon sagen wird. Denn siehe, ich will die Chaldäer erwecken ...« (Habakuk 1,5-6).

Wade Boggs schreibt:

> Böse Menschen, die in der Auflehnung gegen Gott leben, müssen ihm doch als seine unfreiwilligen Werkzeuge dienen, denn Gott kann selbst die Bösen in seine Pläne einbauen. ... So untersteht auch der Teufel Gottes Machtwirken, so daß er selbst in seinem Kampf gegen Gott doch ein Werkzeug Seines Willens sein muß.[3]

Die Person des Satans und das Prinzip des Bösen werden in der Bibel oft als unter Gottes Weltregiment stehend gesehen; zuweilen werden sie eher als seine Diener denn als seine Feinde beschrieben. König Saul erfuhr diese Wahrheit am eigenen Leib: »Der Geist des Herrn aber wich von Saul, und *ein böser Geist vom Herrn* ängstigte ihn« (1. Samuel 16,14, Hervorhebung von mir).

Lassen Sie mich ein paar Fragen stellen: Muß Gott sich mit dem Teufel abfinden? Ist er nicht der souveräne Herr über sein Universum? Könnte er den Satan nicht sofort loswerden, wenn er wollte? Natürlich könnte er es! Wenn der Teufel nicht eine nützliche Rolle in Gottes Erlösungsplan spielen würde, ich glaube, Gott würde ihn sofort vernichten.

Das ist der Grund, weshalb ich es falsch finde, jede Krankheit und jedes Leiden automatisch dem Teufel, Dämonen oder irgendwelchen Flüchen in die Schuhe zu schieben. Kürzlich hörte ich einen Evangelisten, der behauptete, daß Arthritis-Patienten unter einem Fluch stünden, den sie von ihren Eltern oder Großeltern mitbekommen hätten. In gewissen Kreisen wird fast alles und jedes auf solche Flüche zurückgeführt, und Heilung ist nur möglich, wenn zuvor der Fluch gebrochen wird. Im Alten Testament gab es ein vielzitiertes und beliebtes Sprichwort, das etwa so ging: »Wenn die Väter saure Trauben essen, werden die Zähne der Kinder stumpf.«

Was heißen sollte, daß die Kinder nicht für ihre eigenen Handlungen verantwortlich waren; sie wurden für etwas bestraft, was ihre Eltern getan hatten. Doch unter dem neuen Bund, den Christus mit seinem Blut einsetzen würde, sollten diese Worte nicht mehr gesprochen werden, »sondern ein jeder wird um seiner Schuld willen sterben, und wer saure Trauben gegessen hat, dem sollen seine Zähne stumpf werden« (Jeremia 31,30).

Ich stimme Scott Peck zu, wenn sie über das »Die Sünden der Väter«-Syndrom sagt: »Es sind die Eltern selber, die ihre Sünden an ihren Kindern heimsuchen.«[4]

Und dann war da noch das befreundete Ehepaar, dessen Kinder so oft krank waren. Warum waren sie krank? Weil die Mutter Eulenfiguren sammelte. Diese »heidnischen Bilder« waren der Brückenkopf, über den die Dämonen ins Haus kamen. Man vernichtete die Eulen. Die Kinder blieben krank.

Es ist beängstigend, wie weit manche »Christen« auf diesem Gebiet gehen. Statt mit echtem neutestamentlichem Glauben hat man es hier fast schon mit einer Art Voodoo-Religion zu tun, einem Kult des Aberglaubens, der selber in dämonische Bereiche hineinführen kann. J. I. Packer schreibt:

> Wo das Leben derart als Kampf mit den Mächten der Finsternis gesehen wird, daß an schlechter Gesundheit, schlimmen Gedanken und falschem Verhalten stets Satan und seine Dämonen schuld sind, ohne Berücksichtigung der physischen, psychologischen und rationalen Faktoren in der Situation, entsteht ein äußerst ungesundes dämonisches Gegenstück des Super-Super-Naturalismus. Es besteht kein Zweifel, daß dies manchmal geschieht und daß es ein großes Hindernis für die ethische und geistliche Reifung ist.[5]

Ich werde nie den Pastor in Kansas vergessen, der mich fragte, ob ich eine Kassettenserie über den Teufel, Dämonen und das Okkulte hatte. Jawohl, ich hatte.

»Wieviel kostet die Serie?« fragte er.

»Dreizehn Dollar«, sagte ich.

Er dachte nach, dann fragte er: »Kann ich Ihnen einen Scheck über zwölf Dollar geben und Ihnen den einen Dollar schulden?«

»Ich denke, schon«, sagte ich. »Aber warum?«

Er zögerte, dann sagte er: »Ich schreibe nicht gerne Schecks über *dreizehn* Dollar.«

Dies war ein Pastor, und er brauchte die Kassetten echt. Am besten hätte ich sie ihm wohl geschenkt. Statt dessen sagte ich: »Machen wir's doch so: Sie geben mir einen Scheck über vierzehn Dollar, und ich schulde Ihnen einen.«

Er war einverstanden.

Der Pfahl im Fleisch

Viele Worte sind über den »Pfahl im Fleisch« und »des Satans Engel« des Paulus verloren worden (2. Korinther 12,7). Was für ein körperliches Leiden Paulus hier anspricht, darüber können wir nur spekulieren, aber einige Dinge können wir mit Sicherheit sagen:

1. Das Leiden war eine *Gabe*. ». . . ist mir *gegeben* ein Pfahl ins Fleisch . . .« Nach viel Gebet und Zwiesprache mit Gott hörte der Apostel schließlich auf, um Befreiung von dem Leiden zu bitten, und nahm es als Gnadengeschenk Gottes an.

2. Zweimal erwähnt Paulus den *Grund* für das Geschenk: »damit ich mich nicht überhebe«. Ich kann mir kaum vorstellen, daß der Teufel irgend etwas tun würde, um einen von Gottes Dienern demütig zu halten.

3. Die *Reaktion* des Paulus auf den »Pfahl« hieß nicht Murren, sondern Rühmen: »Darum will ich mich am allerliebsten rühmen meiner Schwachheit. . .« (V. 9). Der Pfahl erwies sich nicht, wie Paulus zunächst dachte, als Hindernis, sondern als Vorteil. Hätte der große Apostel sich eines Werkes des Teufels gerühmt? Wohl kaum.

Aus einer neuen Perspektive kann eine bekannte Landschaft auf einmal ganz anders aussehen. Oft sind die Dinge in unserem Leben, die wir als Last betrachten, in Wirklichkeit das Werkzeug, das Gott benutzt, um uns für seinen Dienst geschickter zu machen. Und Gott mehr dienen – sollte das nicht der Wunsch jedes Christen sein?

Gut, Paulus nennt den Pfahl auch einen Engel des Satans, aber dies bestätigt nur, was wir oben über Gottes Allmacht sagten. Der Pfahl war ein Engel (oder Bote) des Satans in dem Sinne, daß der Satan ihn Paulus überbrachte, aber Gott war der Absender. (Was würde der Teufel kochen, wenn er wüßte, daß er Gottes Laufbursche ist . . .) Er kam von Gott, er war seine Gabe, er stand in Gottes Dienst. Wie A. J. Gordon einmal sagte: »Manchmal läßt Gott es zu, daß seine Heiligen am Schleifstein des Teufels geschliffen werden.« Und Wade Boggs versichert uns:

> Angesichts dieser biblischen Lehre können wir dem kranken Christen nur raten, nicht nutzlos darüber zu grübeln, ob er womöglich das hilflose Opfer böser Geister ist, sondern seine Gedanken auf die Macht und Güte Gottes zu richten und zu fragen, was Gott ihm durch das, was er da durchmacht, an Nützlichem und Gutem zeigen will.[6]

Aber woher kommen dann die Krankheiten?

Letztlich muß das wohl ein Geheimnis bleiben, das selbst die besten menschlichen Gehirne nicht zu lüften vermögen. Aber um zu beweisen, daß die Narren sich melden, wo die Engel schweigen, möchte ich den großen Vereinfacher spielen und die, wie ich es sehe, vier Hauptursachen von Krankheit nennen:

1. *Gott.* Jawohl, ich glaube, daß oft Gott selber hinter einer Krankheit steckt. Die bekannte Kompromißformel, daß er sie *zuläßt,* aber nicht *verursacht,* löst überhaupt nichts, denn schließlich hätte Gott die Krankheit ja verhindern können, und für den Kranken macht »zulassen« oder »verusachen« keinen Unterschied.

In 2. Mose 15,26 macht Gott seinem Volk eine Verheißung: »Wirst du der Stimme des HERRN, deines Gottes, gehorchen . . ., so will ich dir keine der Krankheiten auferlegen, die ich den Ägyptern auferlegt habe . . .« Er hatte die Ägypter mit verschiedenen Krankheiten geschlagen, und wenn die Hebräer sich nicht bessern würden, würde er mit ihnen das gleiche machen.

Eine ähnliche Warnung ergeht in 5. Mose 28,59: Wenn Israel Gottes Gebote nicht treu befolgt, dann »wird der HERR schrecklich mit dir umgehen und dich und deine Nachkommen schlagen mit großen und anhaltenden Plagen, mit bösen und anhaltenden Krankheiten.«

An diesen beiden Stellen benutzt Gott ganz offenbar Krankheiten als Mittel der Züchtigung und des Gerichts. Ganz anders war es bei Hiob, aber auch Hiob schiebt das, was ihm geschieht, nie auf den Satan, sondern sieht Gottes Hand darin. Daß der Pfahl im Fleisch des Paulus ein Geschenk Gottes war, haben wir schon gesehen. Also: Was für Gründe er auch haben mag und ob wir es verstehen oder nicht – manchmal ist Gott selber der Urheber von Krankheit und Leid.

2. *Satan.* In Lukas 13 heilt Jesus eine Frau, die seit achtzehn Jahren »einen Geist« hatte, »der sie krank machte« (V. 11). Dem Synagogenvorsteher, der ihn deswegen

kritisiert (es war gerade Sabbat), antwortet er: »Sollte dann nicht diese, die doch Abrahams Tochter ist, die der Satan schon achtzehn Jahre gebunden hatte, am Sabbat von dieser Fessel gelöst werden?« (V. 16).

Der Teufel kann also Menschen mit Krankheit schlagen. Aber das heißt noch lange nicht, daß jede Krankheit dämonischen Ursprungs ist! In Matthäus 4,24 unterscheidet der Evangelist sorgfältig zwischen Besessenheit und Krankheit: »Und die Kunde von ihm erscholl durch ganz Syrien. Und sie brachten zu ihm alle Kranken, mit mancherlei Leiden und Plagen behaftet, Besessene, Mondsüchtige und Gelähmte; und er machte sie gesund.«

3. Unser persönlicher Lebensstil. Unser Körper ist so eingerichtet, daß er dann, wenn wir grob ungesund leben, mit Krankheit reagiert. In der Einleitung zu seinem Buch über den amerikanischen Lebensstil schreibt Dr. John Farquher: »Oft bilden wir uns ein, daß unser Lebensstil gesund und daß ›alles normal‹ sei, doch in Wirklichkeit sind wir voll auf Krankheitskurs. . . . Eine schlechte Gesundheit fällt nicht vom Himmel; sie ist das Ergebnis vieler kleiner Sünden, die, jede für sich genommen, unbedeutend scheinen, die aber zusammen schließlich ihren Tribut fordern. . . . Die Art, wie wir im ganz normalen Alltag leben, stärkt unsere Gesundheit oder schwächt sie.«[7]

Wer zwanzig Jahre lang täglich vier Schachteln Zigaretten raucht und anschließend Lungenkrebs hat, darf sich nicht bei Gott, dem Teufel oder der Zigarettenindustrie beschweren; er ist selber schuld an seinem Elend. Wer sich Übergewicht und Bluthochdruck buchstäblich anfrißt und dann einem Herzinfarkt erliegt, kann nicht Gott oder den Satan verantwortlich machen; es war sein Lebensstil. Ähnlich beim Alkoholiker mit seiner Leberzirrhose. Ein

Arzt sagte einmal: »Der Mensch stirbt nicht, der Mensch bringt sich um.« Paul Tournier drückt es so aus:

> Die Mehrzahl der Krankheiten treten nicht, wie man gemeinhin glaubt, unversehens auf. Sie werden Jahre hindurch vorbereitet durch Ernährungsfehler, Unmäßigkeit, Überarbeitung, seelische Konflikte, die langsam die Lebenskraft des Menschen vermindern. Und wenn sie eines Tages ausbrechen, so wäre es eine oberflächliche Therapie, wenn man sie behandelte, ohne ihren weit zurückliegenden Ursachen nachzugehen, bis zu dem, was ich hier Lebensprobleme nenne.[8]

4. Unser Menschsein. In dem Augenblick, wo Sie diese Zeilen lesen, ist in Ihrem Körper ein natürlicher Abbauprozeß im Gang. Mensch sein heißt krank werden, und der Christ ist nicht ausgenommen von der Vergänglichkeit des Leibes; wir sind immer noch Menschen, und »unser äußerer Mensch verfällt« (2. Korinther 4,16). Nicht für alles, was uns widerfährt, gibt es eine »tiefere«, übernatürliche Erklärung. Ich mag es, wie Philip Yancey es ausdrückt: »Die Naturgesetze, die auf diesem Planeten herrschen, sind alles in allem gute Gesetze, die zu dem Plan, den Gott für uns Menschen hat, passen. Und wenn wir Christen werden, bekommen wir nicht einen keimfreien, hermetisch abgeschlossenen Weltraumanzug verpaßt, der uns vor allen Gefahren dieser Erde schützt.«[9]

Vor ein paar Jahren besuchte ein Mann aus unserer Gemeinde, der Laienprediger war, ein Altenpflegeheim. In einem der Zimmer war eine Endachtzigerin, die schon seit Jahren bettlägerig und entsprechend niedergedrückt war. Als er sie begrüßte, fragte sie ihn: »Sind Sie ein Prediger?«

»Doch, ja.«

»Dann können Sie mir das vielleicht sagen.«

»Was?«

»Warum ich hier bin«, sagte sie. »Ich war mein ganzes Leben lang Christ, ich hab mein Bestes getan, Gott zu dienen. Zur Kirche gegangen, in der Sonntagsschule geholfen, im Chor gesungen, meine Kinder christlich erzogen. Und jetzt schauen Sie sich das hier an. Warum liege ich hier herum? Wissen Sie das?«

»Ja«, antwortete der junge Mann.

»*Was*? Sie wissen das?« Offenbar stellte sie die Frage jedem Prediger, der zu ihr kam, und hier war der erste, der die Antwort wußte. »Bruder, sagen Sie mir's! Warum muß ich hier liegen?«

Er nahm lächelnd ihre Hand und sagte sanft: »Das ist das Alter.«

Wir gehören zu einem gefallenen Geschlecht. Wir leben in einer sündigen Welt, in der manchmal der Unschuldige leiden muß. Nur zu oft werden gute Menschen das Opfer einer bösen Welt. Der Christ ist den Wechselfällen und Katastrophen des Lebens genauso ausgeliefert wie der Nichtchrist. Wenn ich ein Stopschild überfahre und mit einem Lastwagen zusammenstoße, ist es Unsinn, behaupten zu wollen, der Teufel oder seine Dämonen oder eine heimliche Sünde in meinem Leben hätten den Unfall verursacht. Ich habe nicht aufgepaßt – das war alles.

Gott hat uns Christen nirgends versprochen, daß kein Unglück uns treffen wird, aber er hat uns seine Gnadenkraft versprochen, es zu tragen und zu unserem eigenen Besten und seiner Ehre zu nutzen. Wie Augustinus sagte: Gott befand es besser, aus dem Bösen Gutes hervorzubringen, als das Böse nicht existieren zu lassen.

KAPITEL 15

Starb Jesus, um uns gesund zu machen?

Als ein Freund von mir zu einer schweren Operation mit ungewissem Ausgang ins Krankenhaus ging, sagte ihm jemand aus seiner Gemeinde: »Vergiß nicht, daß du ein Recht darauf hast, geheilt zu werden!«

Und als es mir selber gesundheitlich sehr schlecht ging (auch wenn es nicht lebensgefährlich war), bekam ich zu hören: »Du weißt ja, daß du dich damit nicht abzufinden brauchst. Gott will, daß du gesund wirst.«

Diese beiden Äußerungen – »Du hast ein Recht darauf, geheilt zu werden« und »Gott will, daß du gesund bist« – umschreiben den neuralgischen Punkt, um den es hier geht. Haben wir ein *Recht* auf Heilung? Will Gott, daß wir gesund werden? Oder müssen wir uns mit Krankheit und Leiden abfinden? War es nötig, daß Paulus krank war bei seinem ersten Besuch in Galatien (Galater 4,13-15)? Mußte er den Pfahl in seinem Fleisch (2. Korinther 12, 7-10) wirklich hinnehmen? War die schwere Krankheit des Epaphroditus (Philipper 2,25-30) unnötig? Warum empfahl Paulus dem magenkranken Timotheus etwas Wein und nicht ein Heilungsgebet (1. Timotheus 5,23)? Und war es wirklich nötig, daß er Trophimus krank in Milet zurücklassen mußte (2. Timotheus 4,20)?

Mit anderen Worten: *Schließt das Sühneopfer Christi unsere Heilung ein?* Wenn wir von »Sühneopfer« bzw. »Versöhnung« reden, meinen wir damit die durch Christi Kreuzestod vollbrachte Sühne (Versöhnung) für unsere Sünden. Leon Morris schreibt: »Sühne bedeutet, einfach ausgedrückt, daß Jesus Christus durch seinen Tod das

Problem der menschlichen Sünde völlig bewältigt hat. Er hat alles getan, was nötig war, so daß jeder, der im Glauben zu ihm kommt, volle Erlösung bekommt.«[1] Aber bedeckt sein Blut auch unsere Krankheiten? Viele glauben dies. Christi Tod, so sagen sie, hat nicht nur die Sühne für unsere Sünden erwirkt, sondern auch die Heilung unseres Körpers.

Die Argumentation der Vertreter der Heilungstheologie (atonement healing) läuft etwa so: 1. Krankheit ist das Ergebnis des Sündenfalls; folglich ist jede Krankheit durch Sünde verursacht. Bestimmte Arten von Sünden führen zu bestimmten Arten von Krankheiten. – 2. Christi Kreuzestod hat die Sünde und alle ihre Folgen gesühnt und dem Menschen all das, was er durch den Sündenfall verloren hatte, zurückgegeben; folglich sind wir nicht nur von der Sünde erlöst, sondern auch von ihren Folgen einschließlich des Krankseins. – 3. Jeder Gläubige hat daher das Recht auf Heilung von seinen sämtlichen körperlichen Krankheiten. – Kurz: Christus hat uns am Kreuz nicht nur von der Sünde, sondern auch von allen Krankheiten erlöst, und Heilung gehört genauso zum Evangelium wie Vergebung der Sünden. Oft nennt man dies auch »das volle Evangelium«.

Aber ist dies die Versöhnungslehre der Bibel? Die Opfer, die der erste Hohepriester, Aaron, am großen Versöhnungstag darbrachte, waren Opfer für die Sünden und nicht für die Krankheiten des Volks (3. Mose 16,3.5. 6.11. 16.21.34). Und als der Autor des Hebräerbriefs Christus als den Hohenpriester des Neuen Bundes darstellt, sagt er: »Christus aber ist gekommen als ein Hoherpriester der zukünftigen Güter durch die größere und vollkommenere Stiftshütte, die nicht mit Händen gemacht ist, das ist: die nicht von dieser Schöpfung ist. Er ist auch nicht durch das Blut von Böcken und Kälbern, sondern durch sein eigenes

Blut ein für allemal in das Heiligtum eingegangen und hat eine ewige Erlösung erworben« (Hebräer 9,11-12). Sowohl 3. Mose als auch der Hebräerbrief machen klar, daß es Gott um unsere Sünde geht und nicht um unsere Krankheiten.

Wer allen Ernstes behauptet, Christus sei für unsere Krankheiten gestorben, zeigt damit, daß er weder versteht, was Versöhnung ist, noch was Krankheit ist. Christus ist für unsere Sünden gestorben und nicht für unsere Krankheiten. Krankheit ist keine Sünde und daher auch nicht sühnebedürftig; sie ist eine der vielen Folgen des Sündenfalls. Zwei der anderen Folgen sind, daß der Mensch sich sein Brot im Schweiße seines Angesichts verdienen und daß die Frau ihre Kinder unter Schmerzen gebären muß (1. Mose 3,16.19) – und ich habe noch nie erlebt, daß jemand behauptet hätte, daß Christus auch dafür gestorben sei. Und auch im Alten Testament ist bei Krankenheilungen durch Gottes Eingreifen nie davon die Rede, daß Gott die Krankheit *vergibt*. Krankheiten brauchen weder Vergebung noch Sühne, denn sie sind keine Sünden.

Solange wir noch für unser Brot arbeiten müssen, Frauen ihre Wehen bekommen, Schlangen auf dem Bauch kriechen und Rosen Dornen haben, muß ich glauben, daß die Folgen des Sündenfalls nicht alle abgeschafft sind.

Doch nun zu den beiden Kernpassagen in der Bibel, auf die sich die Heilungstheologie vor allem beruft: Matthäus 8,17 und 1. Petrus 2,24.

Matthäus 8,17

Am Abend aber brachten sie viele Besessene zu ihm; und er trieb die Geister aus durch sein Wort und machte alle Kranken gesund, damit erfüllt würde, was gesagt ist durch den Propheten Jesaja, der da spricht: »Er hat unsere Schwachheit auf sich genommen, und unsere Krankheit hat er getragen.« (Matthäus 8,16-17)

Wann wurden diese Worte gesprochen? Fast drei Jahre *vor* der Kreuzigung Jesu, aber Matthäus behauptet, daß die Prophezeiung des Jesaja hier und jetzt erfüllt wurde.

Die Passionsberichte in den Evangelien nehmen auf viele Prophezeiungen Bezug, doch nirgends auf diese aus Jesaja 53,4. Die Annahme liegt doch nahe, daß dann, wenn diese Prohezeiung bedeutete, daß Christus unsere Krankheiten sühnt, sie sich in den Passionsberichten finden würde; sie wäre dann ein zwingender Beweis für eine Heilungstheologie. Doch dies ist nicht der Fall.

Tatsache ist, daß diese Prophezeiung sich auf das frühe öffentliche Wirken Christi bezieht, wie aus V. 16 hervorgeht.

Das im Griechischen hier für »getragen« benutzte Wort, *bastazoo*, wird im Neuen Testament nirgends in Zusammenhang damit benutzt, daß Christus unsere Sünden trägt. Dagegen drückt es verschiedentlich, so in Galater 6,2 und Römer 15,1, ein mitfühlendes Mit-Tragen aus.

Nicht nur dies, sondern in 2. Korinther 12,9 erklärt Paulus, daß er sich seiner »Schwachheit« rühmt. »Schwachheit« übersetzt hier das gleiche griechische Wort wie in Matthäus 8,17. Wie könnte Paulus sich aber einer Sache rühmen, für die Christus gestorben ist?

1. Petrus 2,24

Dieser Vers ist ein Zitat aus Jesaja 53:

... der unsre Sünde selbst hinaufgetragen hat an seinem Leibe auf das Holz, damit wir, der Sünde abgestorben, der Gerechtigkeit leben. Denn durch seine Wunden seid ihr heil geworden.

Hier gibt es wenig zu kommentieren, denn dem unvoreingenommenen Leser ist sofort klar, daß Petrus hier von der geistlichen Heilung von Sünde redet und nicht von der Heilung physischer Krankheiten.

Aber nehmen wir einmal einen Augenblick an, Jesus habe tatsächlich auch unsere Krankheiten »gesühnt« – müßte dann nicht das gleiche auch für den Tod, ja für alles Traurige und Schmerzvolle gelten? Der Tod als Folge des Sündenfalls wird in der Bibel viel stärker hervorgehoben als das Kranksein; wenn die Erlösung alle Folgen des Sündenfalls weggenommen hat, warum sterben dann noch Christen?

Wir besitzen nicht alles, was Christus am Kreuz für uns erkauft hat. Es gibt eine Erlösung, die noch vor uns liegt: die unseres Körpers. Petrus schreibt seinen Briefempfängern: »Gottes Macht behütet euch durch den Glauben, damit ihr das Heil erlangt, das am Ende der Zeit offenbart werden soll« (1. Petrus 1,5 Einheitsübers.). Und zusammen mit Paulus »seufzen« wir »in unserm Inneren beim Warten auf die Einsetzung in die Kindschaft, nämlich auf die Erlösung unsers Leibes« (Römer 8,23 Menge). Margaret Clarkson, die weiß, was Leiden ist, schreibt:

Körperliches Leiden, wie alle möglichen anderen Übel, ist unser Schicksal wegen der Sünde des Menschen. ... Wir Christen haben kein Recht darauf, nur auf das Kranksein zu sehen und es aus unserem Leben verbannen zu wollen, als sei es das Übel aller Übel. Wir sollen alle Folgen der Sünde bekämpfen, nicht nur eine. Das übertriebene Starren auf das Kranksein bedeutet, andere Übel, die genauso wichtig, wenn nicht noch wichtiger sind, aus dem Blick zu verlieren.[2]

Heilung oder Vergebung?

Wenn die Heilung von Krankheiten genauso zum Sühnetod Christi gehörte wie die Sündenvergebung, müßten wir imstande sein, sie genauso einfach entgegenzunehmen wie die Vergebung. Aber wir wissen, daß dem nicht so ist. Gott hat versprochen, jeden zu retten, der mit seinen Sünden zu ihm kommt; er hat nicht verheißen, jeden zu heilen, der mit seiner Krankheit zu ihm kommt.

Die Vergebung gilt für alle Sünden und jede Art von Sünde. Nicht so bei der Heilung: Fehlende Zähne werden nicht ersetzt, amputierte Gliedmaßen wachsen nicht nach; viele Glaubensheiler tragen eine Brille, einige ein Toupet.

Die Vergebung erfolgt sofort, aber selbst die Befürworter der Heilungstheologie geben zu, daß die Heilung oft nur allmählich und schrittweise erfolgt.

Gott verweigert nie die Sündenvergebung, weil der Sünder nicht genug Glauben hat. In meinen über vierzig Pastorenjahren habe ich es kein einziges Mal erlebt, daß Gott jemandem, der seinen Namen anrief, sagte: »Dich erlöse ich nicht.« Aber wenn die Heilung nicht kommt, heißt es: »Du glaubst nicht genug.« Wenn Heilung parallel zu Vergebung liegt, warum bekommt man sie dann nicht genauso leicht? Wieviel Glauben braucht es denn?

Wenn mein Glaube genügt, um erlöst zu werden, warum reicht er dann nicht, um geheilt zu werden? Die Erlösung der Seele ist doch wohl kostbarer als die Heilung des Körpers. Warum ist Gott so großzügig mit der Erlösung und so geizig mit dem Heilen?

Christus hat uns nicht aufgetragen, die Vergebung der Sünden *und* die Heilung des Körpers zu predigen. Er sagte seinen Jüngern: »So steht's geschrieben, daß Christus leiden wird und auferstehen von den Toten am dritten Tage; und daß gepredigt wird in seinem Namen Buße zur Vergebung der Sünden unter allen Völkern. Fangt an in Jerusalem« (Lukas 24,46-47). Und ich zitiere wieder Wade Boggs:

> In 1. Korinther 15,1-4, wo Paulus den Kern des Evangeliums zusammenfaßt, erwähnt er kein Recht auf körperliche Heilung, das sich aus dem Sühnetod Christi ergeben würde. ... Auch in der Predigt und den Schriften des Petrus und Johannes finden wir kein Wort über ein auf der Erlösung beruhendes Evangelium der Heilung für jedermann. Sollte es möglich sein, daß die Apostel und die Autoren des Neuen Testaments selber nur ein halbes Evangelium predigten? Ich glaube, nicht.[3]

Eine Theologie der Heilung aufgrund des Sühnetodes Christi stimmt weder mit der Erfahrung noch mit der Schrift überein; es gibt kein hinreichendes biblisches Fundament für sie. Das Evangelium der Krankenheilung ist ein falsches Evangelium, das denen, die es hören, falsche Hoffnungen macht. Leslie Weatherhead kommentiert: »Es ist kein Wunder, daß Heilungsmissionen viele Menschen in tiefe Depressionen und hoffnungslose Verzweiflung führen. Die meisten von denen, die kommen, werden nicht geheilt, und oft geht es ihnen anschließend schlimmer als zuvor.«[4]

Die Heilungstheologie entspricht einfach nicht den Tatsachen. Ich wollte, sie wäre wahr. Aber nach wie vor werden Christen jeden geistlichen Kalibers krank, bleiben krank und sterben. Und die Anhänger dieser Lehre mögen soviel erklären, wie sie wollen, eine Frage bleibt immer ohne Antwort: Warum werden die einen geheilt und die anderen nicht?

In seinem klassischen Buch über Glauben und Gesundheit merkt C.R. Brown an: »Nie gibt es einen ›Zeugnisgottesdienst‹, in dem diejenigen nach vorne gerufen werden, die umsonst versucht haben, durch den Glauben geheilt zu werden. Würde man sie sprechen lassen, es kämen hundert dieser Leidenden auf einen Geheilten.«[5]

KAPITEL 16

Will Gott, daß wir immer gesund sind?

Wer mich fragt, ob denn Gott nichts an unserer Heilung liegt, dem möchte ich antworten: *Gott liegt an unserer Heiligung.* Sie ist der springende Punkt. Wie schwer es uns auch fallen mag: Wir müssen begreifen, daß es etwas gibt, das wichtiger ist als unser körperliches Wohlergehen. Gott ist ohne weiteres bereit, unsere körperliche Gesundheit für unsere geistliche Gesundheit zu opfern. Baxter hat recht, wenn er sagt, daß in der Welt, wie Gott sie zuläßt, »Krankheit wahrlich ihren Platz und Nutzen hat«.[1]

Ich vermag keine Bibelstellen zu finden, die deutlich sagen würden, daß die Heilung immer Gottes Wille ist oder daß Gott das Kranksein ebensosehr haßt wie die Sünde. Im Gegenteil: Die Schrift zeigt uns, daß Krankheit und Leiden eine zentrale Rolle in Gottes Plan spielen, uns geistlich wachsen und reifer werden zu lassen. Viele heutige Christen haben höchst mangelhafte Vorstellungen vom Leiden. Philip Yancey schreibt: »Wir können uns einfach nicht vorstellen, wie aus Leiden und Bösem ein Grund zum Frohlocken werden kann. Doch genau dieser Glaube wird von uns verlangt.«[2]

Vorsicht, Nebenwirkungen!

Die weitverbreitete Lehre, daß Gott will, daß es uns immer gutgeht, ermangelt nicht nur der biblischen Fundierung, sondern enthält einige gefährliche Fußangeln. Wir tun gut daran, die Worte John Flavells zu beherzigen:

Wer fremde Menschen in sein Haus aufnimmt, nimmt manchmal, ohne es zu merken, Engel auf; aber schon viele haben fremde Lehren aufgenommen und damit, ohne es zu merken, den Teufel eingelassen.

1. Die Lehre ist gefährlich

Manche, wenn auch nicht alle Vertreter der Heilungstheologie verdammen Ärzte und Medikamente, was einigen ihrer Anhänger einen tragischen und unnötigen Tod gebracht hat. Erst vor ein paar Tagen las ich in unserer Zeitung einen Artikel über ein Ehepaar, das wegen fahrlässiger Tötung und Verletzung der elterlichen Fürsorgepflicht verurteilt worden war, nachdem seine neun Monate alte Tochter an einer unbehandelten Hirninfektion gestorben war. Das Paar behauptete, mit seiner Verweigerung einer medizinischen Behandlung der Bibel zu folgen. Es war nicht der erste Tod, der auf das Konto solcher Lehren geht.

Vor mehreren Jahren starb ein Amtskollege von mir, weil er dieser falschen Lehre erlegen war. Seine Krankheit war heilbar, aber er starb, während gleichgesinnte Freunde an seinem Bett knieten und Gott für seine Heilung dankten.

Ein Heilungsprediger weist seine weiblichen Anhänger an, den Fernseher abzuschalten, wenn die Sendung über Brustkrebsvorsorge kommt, weil das bloße Suchen nach Krebsanzeichen es dem Teufel erlaube, die bisher gesunde Patientin mit Brustkrebs zu schlagen. Solche Ratschläge sind unverantwortlich, ja potentiell tödlich.

Wo es um Menschenleben geht, müssen wir sichergehen, daß unsere Lehre auch stimmt. Diese Lehre stimmt nicht!

2. Sie führt in Schuldkomplexe

Vor nicht allzulanger Zeit kam ein Ehepaar, in dessen Kirche ich sprach, zu mir. Sein Kind war gestorben, und das allein reicht, um ein Elternherz zu zerreißen. Aber doppelt unerträglich wurde die Last durch die Vorwürfe von Freunden, die den beiden sagten, ihr Kind hätte geheilt werden können, wenn sie nur genügend Glauben gehabt hätten. Auf solche Fälle stoße ich immer wieder. Würde ein *echter* Freund trauernden Eltern je so etwas sagen?

Wenn wir einen Lieben verloren haben, kommen immer die Schuldgefühle: »Hätte ich nicht mehr tun können?« – »Warum habe ich nicht schneller gehandelt?« Dies ist ein natürlicher Teil des Trauerprozesses. Schuld wiegt schwerer, schneidet tiefer und dauert länger an als jedes andere Trauergefühl. Sie läßt unser Gehirn aus dem logischen Geleise herauskippen, so daß wir uns verantwortlich fühlen, wo wir es gar nicht sind.

3. Sie weckt falsche Hoffnungen

So mancher Pastor hat, wenn der reisende Glaubensheiler weitergezogen ist oder der Fernsehprediger sein Programm beendet hat, seine liebe Mühe, die bei etlichen seiner Gemeindeglieder von falschen Hoffnungen auf Heilung gerissenen Glaubenswunden zu verarzten. Wade Boggs kommentiert:

> Wahrscheinlich ist diese geistig-geistliche Katastrophe noch schlimmer als das körperliche Elend, denn keine Enttäuschung ist so schlimm wie das Zerbrechen des Glaubens an die Verheißungen Gottes. Es ist schlimm, wenn man zahllosen Kranken mit der Versicherung, daß Gott echten Glauben immer mit Heilung belohnt, Hoffnung macht und dann die

große Mehrheit dieser Menschen in Enttäuschung und Verzweiflung hineinführt.[3]

4. Sie führt zu Selbstverurteilung

Eng verwandt mit Schuldgefühlen ist die Selbstverurteilung. Schuldig fühle ich mich gewöhnlich dann, wenn ich nicht die Heilung eines anderen erreichen oder befördern konnte. Zur Selbstverurteilung kommt es, wenn ich selber der Nichtgeheilte bin.

Wenn mir versichert wird, daß es mein gutes christliches Recht und Erbteil sei, daß ich geheilt werde, diese Heilung dann aber nicht kommt, wird die Tür zur Selbstverurteilung weit aufgestoßen: »Was ist nur los mit mir?« fragt der Kranke sich. »Warum kann ich nicht geheilt werden?« Beweist das Ausbleiben der Heilung nicht, daß etwas nicht stimmt bei ihm? Auf den Gedanken, daß an der Heilungstheologie etwas nicht stimmen könnte, kommt er, wenn er genügend fest an sie glaubt, natürlich nicht. Nein, er selber muß der Schuldige sein! Und oft wird diese Selbstverurteilung noch angeheizt durch ehrliche, aber törichte Freunde, für die ganz klar ist, daß der Kranke entweder zuwenig Glauben hat oder eine heimliche Sünde, die er noch nicht vor Gott gebracht hat.

In ihrem Buch *Death and the Caring Community* schreiben Larry Richards und Paul Johnson:

> Bei der Seelsorge an ... Kranken sollten wir peinlichst darauf achten, daß wir ihnen nie einreden, die Krankheit oder ihre Verschlimmerung sei ihre Schuld. ... Wo der Kranke nicht geheilt wird, stürzen die Brandungswellen der Schuld auf ihn, und Gott erscheint ihm wie ein in grimmiger Ferne die Stirne runzelnder Tyrann, der diesem Kind, das seinen hohen Anforderungen nicht genügt, seine Liebe entzieht.

Das Tragische an dieser Heilungslehre ist, daß genau in dem Augenblick, wo der Gläubige am meisten die Zusicherung der Liebe und Gegenwart Gottes bräuchte, andere sein Gottesbild völlig verzerren. Zu einer Zeit, wo er sich am schwächsten und der helfenden Gnade am stärksten bedürftig fühlt, verlangt man von ihm Festigkeit und Kraft als Vorbedingung für Gottes Liebe. Wie gut, zu wissen, daß Gott *nicht* so ist![4]

5. Sie hindert Gott daran, in unserer Krankheit zu uns zu kommen

Wer glaubt, daß Krankheit immer gegen Gottes Willen ist, hat nur noch einen Gedanken: Wie werde ich sie wieder los? Diese »Theologie der Flucht« macht uns jeden Gedanken, daß Gott die Krankheit zu unserem Besten benutzen könnte, unmöglich. Anstatt von unserem Leiden zu profitieren, graben wir uns ein immer tieferes Elendsloch, in welchem wir jeden kleinen Schmerzstich immer besser fühlen. Wir schütteln verständnislos den Kopf vor dem Ausspruch der französischen Mystikerin Madame Guyon: »Oh, kenntet ihr den Frieden des angenommenen Leidens.« Manchmal benutzt Gott die Krankheit des Körpers, um die Krankheit der Seele zu heilen.

Heute morgen besuchten meine Frau und ich eine langjährige Freundin. Das letzte Jahr brachte ihr und ihren Lieben einen harten Schlag: Krebs. Sie hat inzwischen mehrere Krankenhausaufenthalte hinter sich, und die Prognose ist nicht gut. Heute war einer der wenigen Tage, wo ihr der Sinn danach stand, nach draußen zu gehen. Sie erzählte uns, wie sie dort im Krankenhaus lag und nach einer Zusage Gottes suchte, daß alles gut werden würde. Aber der Satz, der ihr immer wieder begegnete, war: »Deine Augen werden den König sehen.«

»Das war nicht die Art Verheißung, die ich gesucht hatte«, sagte sie. Dann fuhr sie fort, Tränen in den Augen: »Aber dann habe ich erkannt, daß dies ja die allerbeste Verheißung ist. – Ja, *dies ist das beste Jahr in meinem Leben gewesen.*«

Ich habe keine Zweifel, daß sie immer noch auf ein Heilungswunder hofft, aber sie läßt Gott in ihrem Leiden zu ihr kommen.

6. Sie zerstört das Mitleid mit den Leidenden

Eine ungezügelte Heilungstheologie führt zu einem unbarmherzigen, besserwisserischen Pharisäertum. Ein Pastor in Tennessee hatte seiner Gemeinde jahrelang gepredigt, daß Gott jedes echte Gebet um Heilung erhört. Eines Tages bekam sein kleiner Sohn Diabetes. Der Vater brachte ihn nicht zum Arzt, da Gott ihn doch direkt heilen würde. Doch es ging dem Kind immer schlechter. Schließlich sagte ihm ein Amtsbruder: »Dein Junge wird sterben, wenn du nicht bald Hilfe holst.« Es war kein leichter Kampf für den Pastor, aber schließlich stellte er sich eines Sonntagmorgens vor seine Gemeinde und gab ihr bekannt, daß sein Junge krank sei und daß er beschlossen habe, ärztliche Hilfe in Anspruch zu nehmen. Die Reaktion der Gemeinde? Sie entließ ihn fristlos, wegen »verborgener Sünde«. Meinte Paulus das, als er sagte: »Einer trage des andern Last« (Galater 6,2)?

Der Ehemann einer unserer besten Freundinnen (ich hatte die beiden zwanzig Jahre zuvor getraut) lag plötzlich todkrank mit einem Gehirntumor in der Klinik. Eines Tages stand eine Frau vor ihrer Tür. Ein Heilungsevangelist, den sie finanziell unterstützt hatte, hatte sie geschickt. Frisch-fromm-salbungsvoll, wie nur ein Kerngesunder es sein kann, verkündete sie, daß der Evangelist für unsere Freundin »ein Wort vom Herrn« bekommen habe: Ihr

Mann lag wegen ihres Kleinglaubens im Sterben; sie solle sofort Buße tun und außerdem ihren Mann aus dem Krankenhaus, in welchem Todesdämonen ihr Unwesen trieben, herausholen.

Ich will ruhig annehmen, daß diese »Botschafterin« es ehrlich meinte. Aber wieviel mehr hätte dieser Ehefrau wohl ein liebes Wort, ein sanfte Hand auf der Schulter oder eine Träne des Mitleids bedeutet?

Vielleicht dachte Shakespeare an solche Menschen, als er schrieb: »Der Narben lacht, wer nie verwundet ward.«

7. Sie zwingt uns, Mißerfolge wegzuerklären

Wenn man einen Menschen zu Christus führt, ist es nicht immer leicht, festzustellen, ob seine Bekehrung echt ist oder nicht. Doch mißglückte Heilungen sind leicht erkannt, vor allem dann, wenn der Patient stirbt. Haben Sie sich noch nie gefragt, warum angesichts so vieler Mißerfolge so viele Menschen immer noch glauben, daß »jeder geheilt werden kann«? Es ist immer eine Erklärung zur Hand; zwei der beliebtesten sind: nicht genügend Glauben und nicht bekannte Sünden. Zur Zeit im Trend ist eine weitere »Erklärung«, die einen kurzen Kommentar verdient: die Ausrede der »perfekten« oder »vollkommenen« Heilung. Sie wird benutzt, wenn der umbetete Patient gestorben ist. »Preist den Herrn, er hat vollkommene Heilung erlangt!« ist die Reaktion, die ich am häufigsten höre. Dazu vier Punkte:

a) Die Bibel bezeichnet den Tod nirgends als »Heilung«. Er ist nach wie vor ein Feind – »der letzte Feind«, den Gott vernichten wird (1. Korinther 15,26). Verstorbene Christen werden wohl zuweilen als »entschlafen« bezeichnet, nie aber als »geheilt«. Ein Mensch, der einer Krankheit erlegen ist, ist nicht geheilt, sondern tot! Die »perfekte«

bzw. »vollkommene Heilung« ist eine Erfindung der Glaubensheiler und kein biblischer Begriff.

b) Wenn der Tod die »perfekte Heilung« ist, warum betet man dann nicht gleich um ihn, sondern um eine »unvollkommene« Heilung? Das »Vollkommene« ist doch wohl das Beste, oder?

c) Das Gebet um Heilung zielt nicht auf den Tod; es geht ja gerade darum, daß der Kranke *nicht* sterben soll! Anschließend zu sagen, daß der Tod die perfekte Heilung sei, ist ein lächerlicher gedanklicher Salto mortale, ein Schlupfloch für Winkeladvokaten, die ihr Gesicht wahren wollen.

d) Und schließlich: Wenn also der Tod die »eigentliche«, »vollkommene« Heilung ist, warum dann überhaupt noch beten? Wenn jemand Lungenkrebs hat, wird seine Krankheit ihn rasch und zuverlässig auch ohne unsere Gebete »heilen« . . .

Aber nun zu Teil III, in dem wir versuchen wollen, das, was wir bisher gelernt haben, praktisch anzuwenden.

DRITTER TEIL

Wo das Sichtbare und das Unsichtbare sich küssen,
zeugen sie ein Kind, das Geheimnis heißt.
Calvin Miller, *An Overture to Light*

Ein jedes Leid auf meinem Weg
nehm' ich in Augenschein,
ob es genauso schwer wie meins
oder gelinder sei.

Tragen die andern es schon lang,
oder fing's gerade an?
Mein eig'nes trag' ich mit mir rum,
solang ich denken kann.

Ich frag' mich, ob ihr Leben schmerzt
und Mühe ist und Not
und ob sie, hätten sie die Wahl,
nicht lieber wären tot.

Emily Dickinson

Laß kommen ihn, wie er es will, und sei nicht bang.
Gott läßt uns ja nicht ohne Trost –
laß kommen den Abend lang.
Jane Kenyon, *Let the Evening Come*

KAPITEL 17

Der Körper: Tempel oder Tongefäß?

Vor kurzem besuchten wir einen prächtigen Christen, der uns zum Abschied diesen Rat mit auf den Weg gab: »Liebt Gott! Haßt die Sünde! Und paßt auf die Lastwagen auf!« Ich mochte das. Wir Christen bilden uns ja manchmal ein, daß wir dann, wenn wir Gott lieben und die Sünde hassen, uns um die Lastwagen nicht mehr zu kümmern brauchen. Da tut es gut, wenn man daran erinnert wird, daß auch Gottes Kinder Menschen sind, die mitten im Alltag und seinen Gefahren stehen.

Als ich eine Vortragsreihe zum Thema »Heilung« gehalten hatte, fragte mich ein Gemeindeglied, wie das, was ich da lehrte, meiner Meinung nach auf Kranke wirken würde. Ich antwortete, daß es mir um eine biblische Behandlung des Themas ging, die den Menschen zur rechten Einstellung zum Kranksein und zum Beten im Geiste der Bibel verhalf. Auch in diesem Buch möchte ich vor allem biblisch und ausgewogen sein. Und dazu ist es ganz wesentlich, daß wir eine biblische Sicht vom Körper haben.

1. Seit dem Sündenfall ist unser Leib dem Verfall und dem Tod preisgegeben

Mit anderen Worten: »Paßt auf die Lastwagen auf!« Paulus bezeichnet die Gläubigen als »irdene Gefäße« (2. Korinther 4,7), und diese Gefäße haben beim Sündenfall einen Sprung abbekommen. Claus Westermann betont »die auffällige Tatsache, daß die menschliche Arbeit immer in irgendeiner Weise mit Mühe, mit Last, eben dem Schweiß und den Dornen verbunden ist.«[1] Kein Feld ohne Dornen und Disteln, keine Ernte ohne Schweiß.

»Bist du wieder zu Erde werdest . . .« (1. Mose 3,19). Die Mühen des Lebens begleiten uns bis zum Tod. Selbst der rüstige Rentner, der Berggipfel erklimmt oder die Sonne von Florida genießt, bleibt nicht von ihnen verschont. Das ganze Dasein des Menschen »gehört in seinem Woher und in seinem Wohin dem ›Staub‹ an, und alles Große und Wunderbare, was vom Menschen, seinen Fähigkeiten und seinen Möglichkeiten gesagt werden kann, bedarf dieser Begrenzung, die allem Menschlichen gesetzt ist«[2].

Unser Körper ist nicht so, wie Gott ihn ursprünglich schuf. Wie bei einem zerbombten Haus bleiben Spuren des ursprünglichen Bildes, doch die Wunden sind groß. Auch als neue Kreaturen in Christus sind wir noch Menschen, die bluten, wenn sie sich geschnitten haben. Das Neue Testament betrachtet unsere Erlösung als etwas, das vorerst im wesentlichen auf unseren inneren Menschen beschränkt bleibt:

> Darum werden wir nicht müde; sondern wenn auch unser äußerer Mensch verfällt, so wird doch der innere von Tag zu Tag erneuert. (2. Korinther 4,16)
> Denn solange wir noch in der Leibeshütte leben, haben wir zu seufzen und fühlen uns bedrückt, weil wir lieber nicht erst entkleidet, sondern sogleich überkleidet werden möchten, damit das Sterbliche verschlungen werde von dem Leben. (2. Korinther 5,4 Menge)
> Unsere Heimat aber ist im Himmel. Von dorther erwarten wir auch Jesus Christus, den Herrn, als

Retter, der unseren armseligen Leib verwandeln wird in die Gestalt seines verherrlichten Leibes, in der Kraft, mit der er sich alles unterwerfen kann. (Philipper 3,20-21 Einheitsübers.)

Die Schöpfung ist der Vergänglichkeit unterworfen, nicht aus eigenem Willen, sondern durch den, der sie unterworfen hat; aber zugleich gab er ihr Hoffnung. Auch die Schöpfung soll von der Sklaverei und Verlorenheit befreit werden zur Freiheit und Herrlichkeit der Kinder Gottes. Denn wir wissen, daß die gesamte Schöpfung bis zum heutigen Tag seufzt und in Geburtswehen liegt. Aber auch wir, obwohl wir als Erstlingsgabe den Geist haben, seufzen in unserem Herzen und warten darauf, daß wir mit der Erlösung unseres Leibes als Söhne offenbar werden. (Römer 8,20-23 Einheitsübers.)

Der Körper des Christen unterscheidet sich nicht von dem des Nichtchristen. Er ist nicht immun gegen Krankheiten, es liegt kein Schutzzauber auf ihm. Die Theologie der Heilung ist deswegen so beliebt, weil sie die allgemeine Sehnsucht nach Freiheit von unserer Sterblichkeit und Zerbrechlichkeit anspricht. Doch der Christ erfährt genauso Leiden wie jeder andere auch, allerdings mit einem entscheidenden Unterschied: Er weiß darum, daß das Leiden zu Gottes Wirken in seinem Leben gehört. Wie es in Jakobus 1,2-4 heißt: »Meine lieben Brüder, erachtet es für lauter Freude, wenn ihr in mancherlei Anfechtungen fallt, und wißt, daß euer Glaube, wenn er bewährt ist, Geduld wirkt. Die Geduld aber soll ihr Werk tun bis ans Ende, damit ihr vollkommen und unversehrt seid und kein Mangel an euch sei.«

Ich machte eine erstaunliche Entdeckung in einem Bibelvers, den ich schon viele Male gelesen und über den ich oft gepredigt hatte. Der Vers ist 1. Korinther 10,13:

»Bisher hat euch nur menschliche Versuchung getroffen. Aber Gott ist treu, der euch nicht versuchen läßt über eure Kraft, sondern macht, daß die Versuchung so ein Ende nimmt, daß ihr's ertragen könnt.«

Ertragen! Und ich hatte gedacht, wir würden der Versuchung *entrinnen!* Aber Gott denkt offenbar anders als wir; in seinen Augen entrinnen wir einer Anfechtung, wenn wir in der Lage sind, sie zu ertragen. Wir entrinnen ihr in dem Sinne, daß sie uns nicht versklavt und lähmt, und nicht in dem Sinne, daß wir den Schmerz und den Druck nicht mehr spüren würden.

Also: Gott erspart uns unsere Prüfungen nicht, aber er gibt uns Kraft von oben, die uns fähig macht, Leiden in Sieg und Herrlichkeit zu verwandeln. Und nicht nur dies, sondern wir haben die Zusage seiner tröstenden Gegenwart.

2. Unser Körper wartet auf seine Erlösung

Dem Christen geht es ähnlich wie dem Kind, das entdeckt, daß ja noch ein Geschenk unter dem Weihnachtsbaum liegt: Das Schönste kommt noch. Das Kreuz Christi hat unsere Sünden weggenommen; aber die Folgen der Sünde sind noch da. Wenn es wahr sein sollte, daß Christi Sühnetod auch Heilung bedeutet, wie so viele behaupten, so gilt doch andererseits, daß wir noch nicht alles, was Christus uns erschlossen hat, als greifbare Wirklichkeit erleben.

Paulus schreibt: ». . . dann folgt das Ende, wenn er Gott und dem Vater das Reich übergibt, sobald er jede andere Herrschaft und jede Gewalt und Macht vernichtet hat« (1. Korinther 15,24 Menge). Und Petrus beschreibt diese kommende Erlösung mit diesen Worten:

Gottes Macht behütet euch durch den Glauben, damit ihr das Heil erlangt, das am Ende der Zeit offenbart werden soll. ... Dadurch soll sich euer Glaube bewähren ... So wird eurem Glauben Lob, Herrlichkeit und Ehre zuteil bei der Offenbarung Jesu Christi. ... Deshalb umgürtet euch, und macht euch bereit! Seid nüchtern, und setzt eure Hoffnung ganz auf die Gnade, die euch bei der Offenbarung Jesu Christi geschenkt wird. (1. Petrus 1,5. 7.13 Einheitsübers.)

Und für mich ist eine der kostbarsten Verheißungen in der Bibel diese: »Und Gott wird abwischen alle Tränen von ihren Augen, und der Tod wird nicht mehr sein, noch Leid noch Geschrei noch Schmerz wird mehr sein; denn das Erste ist vergangen« (Offenbarung 21,4).

Der Apostel benutzt hier die Zukunftsform: Tod, Leid, Geschrei und Schmerz »wird nicht mehr sein«. *Schmerz* ist im Griechischen hier ein Sammelbegriff für Mühe, Not, Widerwärtigkeit und Leiden aller Art.

Der Satz »denn das Erste ist vergangen« ist eine Zusammenfassung des gerade Gesagten. »Das Erste« (Einheitsübers.: »was früher war«) meint die Folgen des Sündenfalls. Johannes stellt klar: Nicht nur der alte Himmel und die alte Erde werden vergehen, sondern auch all das Häßliche, das zu ihnen gehört. Mit anderen Worten: Die Dinge, die wir so liebend gerne schon hier und jetzt loswerden würden, werden erst dereinst weggenommen werden, und bis es soweit ist, wird es weiter Leid, Geschrei und Schmerz geben, egal, wie groß unser Glaube und wie inbrünstig unsere Gebete sind.

Die unheilige Dreieinigkeit des Leidens, des Weinens und des Schmerzes marschiert durch unser Leben, als sei sie der Herr der Erde, und kein Schloß und kein Riegel, keine Gesetze und Alarmanlagen können unsere Türen schützen vor diesen Eindringlingen.

Aber ich habe eine frohe Botschaft für jedes Spital, jedes Krankenzimmer, jeden lebenslang Kranken, jedes zerbrochene Herz. »Kein Schmerz wird mehr sein.« Kein Trauerflor hängt an der Tür dieser seligen Wohnung. Der Fuß, der diesen Boden berührt, wird geschmeidig. Der erste Kuß dieser Sommerluft wird die Runzeln auf den alten Wangen verjagen, der erste Blitz von dem Thron die Dunkelheit der Blindgeborenen verscheuchen.[3]

Ja, eines Tages wird Gott selber alle Tränen (im Griechischen heißt es wörtlich »jede einzelne Träne«) abwischen. An jenem Tag wird es keine nassen Augen mehr geben.

> Wenn das letzte der Bilder gemalt ist
> und die Farbtöpfe trocken und leer,
> wenn die ältesten Farben fahl sind
> und der jüngste der Kritiker tot,
> dann legen wir hin uns im Glauben
> und ruhen wohl einen Äon,
> bis wir hören die Stimme des Meisters,
> der uns ruft zu dem neuen Werk!

> Dann werden die guten Arbeiter
> selig sitzen auf goldenem Stuhl
> und malen auf berghoher Leinwand
> mit Pinseln aus Sternenhaar
> Bilder von echten Heiligen –
> Magdalena, Petrus und Paul.
> Und malen sie fünfhundert Jahre,
> sie werden nicht müde davon.

Der Meister allein wird uns loben,
der Meister allein kritisier'n.
Und keiner wird tun seine Arbeit,
weil er Geld dafür kriegt oder Ruhm,
sondern jeder aus Spaß an der Freude
und auf seinem eigenen Stern
wird malen, was sehn seine Augen,
für den Gott, der es alles gemacht!

Rudyard Kipling, L'Envoi

Aber noch ist es nicht soweit. Noch ist »das Alte« nicht vergangen.

3. Unser Leib gehört Gott; wir sollten ihn ihm weihen

An die fleischlichen Christen in Korinth, die sich einbildeten, sie könnten mit ihrem Körper machen, was sie wollten, schrieb Paulus: »Doch der Leib ist ... für den Herrn, und der Herr ist da für den Leib« (1. Korinther 6,13 Menge).

Ein »fleischlicher« Christ ist ein Christ, der glaubt, ein Recht auf seinen eigenen Körper zu haben. Das Heilmittel für ein solches Denken ist die Erkenntnis, daß unser Körper dem Herrn gehört. »Oder wißt ihr nicht, daß euer Leib ein Tempel des heiligen Geistes ist ... und daß ihr nicht euch selbst gehört? Denn ihr seid teuer erkauft« (1. Korinther 6,19-20a). Und Paulus zieht den logischen Schluß: »Darum preist Gott mit eurem Leibe« (V. 20b). Ganz ähnlich fordert Paulus die Christen in Rom auf, »daß ihr eure Leiber hingebt als ein Opfer, daß lebendig, heilig und Gott wohlgefällig ist« (Römer 12,1).

Das Schlüsselwort in diesen und ähnlichen Versen ist

»preisen« bzw. »verherrlichen«. Da unser Körper durch die Erlösung Christi Eigentum geworden ist, sollen wir ihn allein zu seiner Ehre benutzen. Bezeichnenderweise ist in all diesen Ermahnungen nie die Rede davon, daß der Gläubige zur Belohnung frei von Krankheiten sein oder garantiert geheilt werden wird. Als die dunkle Wolke des Märtyrertums über Paulus' Kopf zog, war es seine Hoffnung, daß Christus auch in dieser Situation »verherrlicht werde an meinem Leibe, es sei durch Leben oder durch Tod« (Philipper 1,20).

Für uns Gläubige des 20. Jahrhunderts dreht sich alles um das physische Leben. Wir klammern uns an es, als gäbe es kein Leben nach dem Tod. Sterben? Alles, nur das nicht ... Aber für den großen Apostel war es Nebensache, ob er lebte oder starb; wichtig war allein, daß sein Körper Christus verherrlichte.

Unser Körper ist Gottes Vergrößerungsglas, durch das Jesus für die Welt sichtbar wird. Er ist das Teleskop, das Jesus wie einen fernen Stern nahe heranrückt. Der Körper eines Christen ist das Werkzeug, mit dem Gott Christi Größe und Nähe demonstriert. Manchmal gelingt dies am besten durch Krankheit, manchmal durch Heilung. Aber Krankheit oder Heilung – das ist nicht die Hauptsache. Der verherrlichte Christus ist alles. In Gottes Augen ist dies kostbarer als Gesundheit und Heilung.

Es ist Gottes Art, daß er Krankheit und Leid zu seiner Verherrlichung benutzt. Als Jesus hörte, daß Lazarus krank war, sagte er: »Diese Krankheit ist nicht zum Tode, sondern zur Verherrlichung Gottes, damit der Sohn Gottes dadurch verherrlicht werde« (Johannes 11,4). Wohlgemerkt, Jesus sagte: »Diese Krankheit ist nicht zum Tode.« Aber Lazarus starb doch! Hatte Jesus sich hier geirrt? Es will fast so scheinen. Aber Jesus sagte nicht, daß Lazarus nicht sterben würde, er sagte: »Diese Krankheit ist nicht *zum* Tode.« Der griechische Urtext verwendet hier eine ungewöhnliche Konstruktion, die in wörtlicher Übersetzung lautet: »Diese Krankheit ist nicht in der Absicht zum Tod hin.« (Menge übersetzt: »Der Zweck dieser Krankheit ist nicht der Tod.«) Mit anderen Worten: Lazarus würde sterben, aber das Ziel der Krankheit war nicht der Tod, sondern Gottes Ehre. Manche Krankheiten zielen wirklich auf den Tod hin, aber hier war es nicht so; Gott ließ Lazarus sterben, weil dies ihm eine Gelegenheit gab, sein vollmächtiges Wirken zu zeigen. Die Krankheit brachte Lazarus den Tod, aber sie war nicht eine eigentlich tödliche Krankheit.

Wer verneint, daß Gott oft Krankheit als Werkzeug für seine Ziele benutzt, der verdunkelt einige der größten Namen in der Geschichte der christlichen Kirche: Heilige wie Richard Baxter, Madame Guyon, David Brainerd, George Matheson, Frances Ridley Havergal, Amy Carmichael, Fanny J. Crosby, Annie Johnson Flint, Joni Eareckson Tada – lauter Männer und Frauen, deren körperliches Leiden der Welt einen Gott der überströmenden Fülle offenbarte. Man stelle sich nur vor, um wieviel ärmer die Kirche wäre ohne die Lieder, Gedichte, Predigten und Zeugnisse, die aus Leiden und Krankheit entsprungen sind.

Wir tun gut daran, nicht zu vergessen, daß Gott seine Verheißungen – was sie auch sein und an wen sie auch gehen mögen – nie auf Kosten seiner Herrschaft über unser Leben gibt. Die Bibel sagt, daß Gott um jeden Spatz weiß, der zur Erde fällt – eine wunderbare Verheißung, aber fallen tut der Spatz! Psalm 23,4 versichert uns: »Und ob ich schon wanderte im finstern Tal, *fürchte* ich kein Unglück.« Es heißt nicht: »erlebe ich kein Unglück«. Durch das Tal wandern müssen wir. Richards und Johnson bemerken:

Einerseits stehen wir dazu, daß Gott heilen kann. ... Gott wirkt zwar meist auf natürliche Weise ..., aber er ist nicht ein Sklave der Naturgesetze.

Doch andererseits möchten wir genauso klar festhalten, daß Gott seiner Freiheit nicht von der Menge oder der Qualität des »Glaubens« eines Menschen Schranken setzen läßt. Es ist ein völliges Mißverständnis, den Glauben als ein Werk zu sehen, das Gott dazu zwingen könnte, nach *unserem* Willen zu handeln.[4]

Oft nimmt Gott dann, wenn der Zweck des Leidens – etwa mehr Glaube oder mehr Demut oder mehr Barmherzigkeit im Dienst an den anderen – erreicht ist, die Krankheit wieder weg.

Spurgeon sagte einmal: »Ich möchte behaupten, daß das größte Geschenk, das Gott uns geben kann, Gesundheit ist, *außer er schickt uns Krankheit.* Nicht selten ist Gottes Heiligen Krankheit von größerem Nutzen gewesen als Gesundheit« (Hervorhebung von mir).

Letztlich läuft es natürlich auf die bekannte Frage hinaus: Was ist wichtiger: unser körperliches Wohlergehen oder Gottes Ehre? Unsere Antwort zeigt, wie tief unsere Gotteserkenntnis geht.

KAPITEL 18

Für Kranke beten

Ich hatte Angst vor dem Besuch.

Eigentlich hatte ich ja immer Angst vor der Kinderklinik. Diese schmerzverzerrten kleinen Körper, die leukämiebleichen jungen Gesichter, die kahlen, aufgedunsenen Köpfe – ich konnte es fast nicht ertragen.

Ich war ganz am Anfang meiner Pastorenlaufbahn, und das Baby eines jungen Paares in meiner Gemeinde war plötzlich erkrankt und nach ein paar Tagen in elendem Zustand ins Krankenhaus gebracht worden. Die üblichen Tests ergaben nichts, die Ärzte waren mit ihrem Latein am Ende. Das Fieber des Kleinen war so hoch gestiegen, daß man Gehirnschäden, ja den baldigen Tod befürchten mußte. Jeden Tag besuchte ich die verzweifelten Eltern am Krankenbettchen ihres Kindes und versuchte sie zu trösten, so gut es ging. Der Besuch endete stets mit einem Gebet. Als wir uns wieder einmal an das Bett stellten, um zu beten, geschah etwas ganz Merkwürdiges. Plötzlich spürte ich Gottes Gegenwart und *wußte*, daß Gott dieses Kind heilen wollte. *Wie* ich das wußte? Keine Ahnung, ich wußte es einfach, und ich wußte es so gewiß wie noch nie etwas in meinem Leben.

Während wir beteten, legte ich meine Hand auf den brennenden Kopf des Kindes, bat Gott, es zu heilen, und dankte ihm dafür. Ein, zwei Tage später wurde das Kind geheilt nach Hause entlassen.

Ich habe seitdem noch mehr solche Erlebnisse gehabt. Ich wünschte, sie kämen öfter, aber wenn sie kommen, brauche ich mich nicht anzustrengen, zu glauben, daß

Gott heilen wird. Der Glaube kommt wie von selbst – weil er ein Geschenk ist, das Gott in mein Herz gibt und das mir »das Gebet des Glaubens« möglich macht.

Doch öfter ist es mir passiert, daß ich darum rang, zu glauben, und für die Heilung eines Menschen betete und fastete – aber die Heilung kam nicht. Oft fastet und betet und glaubt unsere ganze Gemeinde, und der Kranke wird nicht geheilt. Wie das?

J. Sidlow Baxter schreibt:

> Wo ein besonderer Glaube als Mittel zur Heilung nötig ist, da wird Gott solchen Glauben schenken. Die einzigen Fälle (ob nun wenige oder viele), wo solcher Glaube nicht geschenkt wird, sind die, bei denen Gott eine Krankheit zuläßt, um dadurch ein wichtiges geistliches Ziel zu erreichen. ... Ich habe es erlebt, daß kranke Christen nicht *von* ihrer Krankheit, sondern *durch* sie geheilt wurden.[1]

Wo Gott die Krankheit als Erziehungsmittel benutzt, schenkt er dann, wenn die Erziehung ihr Ziel erreicht hat, oft Heilung.

Egal, was der Grund für ein bestimmtes Leiden ist, ich glaube, wir sollten stets (es sei denn, Gott zeigt es uns anders) um Heilung bitten und im übrigen das Ergebnis Gott überlassen. Wo wir eine Not feststellen, da ist Beten nie verkehrt.

Es kann natürlich sein, daß Gott uns zeigt, daß das, was wir da für nötig halten, es in seinen Augen gar nicht ist. Aber wo Gott eine Heilung für nötig hält, wird er sie auch schenken. Entsprechend dem Wort in Philipper 4,19: »Mein Gott aber wird euch durch Christus Jesus alles, was ihr nötig habt, aus dem Reichtum seiner Herrlichkeit schenken« (Einheitsübers.) ist eines der Mottos in meinem Leben: *Was du nicht bekommst, das brauchst du nicht.*

Echt oder eingebildet?

Wir müssen lernen, zwischen echten und bloß eingebildeten Bedürfnissen zu unterscheiden. So, wie ein kleines Kind nicht weiß, was im materiellen Leben gut für es ist, so weiß das Gotteskind nicht, was geistlich gut für es ist.

Wohl jeder Vater und jede Mutter kennt diesen Kampf: Immer wieder empfindet das Kind das Verhalten der Eltern als unfair und »gar nicht lieb«, obwohl sie in Wirklichkeit sein Bestes im Auge haben. Der Psalmist erklärt: »Er wird kein Gutes mangeln lassen den Frommen« (Psalm 84,12). Wenn Heilung das Beste für uns ist, wird Gott sie uns nicht vorenthalten. Wer um Heilung betet, der sollte dies in dem Bewußtsein tun, daß allein unser himmlischer Vater weiß, was wir wirklich brauchen, und daß er dann, wenn er uns nicht gesund macht, etwas unendlich Besseres mit uns vorhat.

Der nächste Schritt

Wenn wir alles getan haben, was wir können, und immer noch nicht geheilt sind, besteht der nächste Schritt darin, daß wir unser Leiden als Teil von Gottes Werk in uns annehmen. Für Gott ist es wichtiger, wer wir sind, als wie gut es uns geht, und oft benutzt er unangenehme Umstände, um unser Wesen zu verändern. Haben die Umstände ihren Zweck erfüllt, nimmt er sie möglicherweise wieder weg; tut er es jedoch nicht, ist auch dies in Ordnung, weil unser Wesen so verändert worden ist, daß wir fähig sind, mit diesen unangenehmen Umständen zu leben. Der Pfahl im Fleisch des Paulus ist ein perfektes Beispiel dafür, wie ein veränderter Mensch seine unveränderte Situation annimmt.

Richards und Johnson schreiben:

Daß wir sterben müssen, steht für alle Christen
außer denen der letzten Generation (1. Thessaloni-
cher 4,13-18) fest, der genaue Zeitpunkt jedoch ist
offen. Wenn die ersten »Warum?«-Fragen kommen,
kann und sollte die Gemeinschaft der Liebe sich um
den einzelnen versammeln und Gott um Heilung
bitten ... Es ist immer richtig, Nöte vor Gott zu
bringen ... Gott kann das Gebet um Heilung erhören ... oder auch nicht eingreifen, und dann werden
der einzelne und die Gemeinschaft der Liebe die
Kraft bekommen, Gottes Treue trotz seines offen-
sichtlichen Schweigens zu rühmen.[2]

In Philipper 4,6-7 ruft Paulus uns auf, uns nicht zu
sorgen, sondern aus allem ein Gebet zu machen. Er verspricht uns nicht, daß Gott dann unsere Not garantiert
wegnehmen wird – aber daß der Friede Christi unsere
Herzen und Sinne bewahren wird.

Wie ist das mit Jakobus 5,13-15?

Bei dem Thema »um Heilung beten« denken wir automatisch an diesen Bibelabschnitt. Wir sehen dann vor
unserem inneren Auge die bekannten Szenen in manchen
Gemeinden und Fernsehgottesdiensten, wo die Kranken
nach vorne strömen, um Krankensalbung und Gebet zu
empfangen. Manche Heilungsmissionen berufen sich aus-
schließlich auf diese schwierige und kontroverse Passage.
Wir sollten sie uns daher sehr sorgfältig ansehen.

In V. 15 heißt es: »Und das Gebet des Glaubens wird
dem Kranken helfen.« Curtis Vaughn kommentiert dazu:
»Daß diese Verheißung so bedingungslos formuliert wird,
wirft ein Problem auf, denn es ist offensichtlich, daß das

Glaubensgebet nicht immer zu körperlicher Heilung führt.«[3]

Dieses Problem ist sehr real; das Gebet des Glaubens führt tatsächlich nicht immer zur Heilung. Wer will bezweifeln, daß Eltern, die eher den Tod ihres Kindes riskieren, als daß sie es zum Arzt bringen, weil doch Gott es heilen wird, Glauben haben? Sie klammern sich mit aller Kraft an Gottes Zusage – und dann stirbt das Kind doch, und wir stehen vor der Frage: »Wieviel Glauben ist denn nötig?«

Zunächst ein Überblick

Vor allen Dingen aber, meine Brüder, schwört nicht, weder bei dem Himmel noch bei der Erde noch mit einem andern Eid. Es sei aber euer Ja ein Ja und euer Nein ein Nein, damit ihr nicht dem Gericht verfallt. Leidet jemand unter euch, der bete; ist jemand guten Mutes, der singe Psalmen.

Ist jemand unter euch krank, der rufe zu sich die Ältesten der Gemeinde, daß sie über ihm beten und ihn salben mit Öl in dem Namen des Herrn. Und das Gebet des Glaubens wird dem Kranken helfen, und der Herr wird ihn aufrichten; und wenn er Sünden getan hat, wird ihm vergeben werden. (Jakobus 5,12-15)

Ich habe bereits mit V. 12 begonnen, denn ich glaube, daß die Warnung vor dem Schwören Jakobus zu seinen folgenden Aussagen führt. Alfred Plummer kommentiert: »Schwüre sind nicht die recht Art, seine Gefühle auszudrücken, wie intensiv und von welcher Art diese auch sein mögen. Es ist jedoch nicht nötig, solche Gefühle zu unterdrücken oder der Welt vorzuspiegeln, wir hätten keine Gefühle.«[4] Christen brauchen ein System, das sicherstellt, daß sie ihre Gefühle nicht auf die falsche Art ausdrücken.

»Diese Sicherung kommt in den Regeln, die Jakobus hier gibt, klar zum Ausdruck. Er fordert uns auf, aus dem Ausdruck starker Gefühle einen Akt der Anbetung zu machen. . . . Durch eben den Akt, mit dem wir unsere Emotionen zum Ausdruck bringen, schützen wir uns vor dem Bösen, das sie hervorrufen könnten.«[5]

Jakobus wählt drei Beispiele von Gefühlen aus, die Christen kennen, und schlägt jeweils vor, wie sie angemessen auszudrücken sind:

»Leidet jemand unter euch?« (das Gefühl) – »Der bete« (Ausdruck des Gefühls).

»Ist jemand guten Mutes?« (Gefühl) – »Der singe Psalmen« (Ausdruck).

»Ist jemand unter euch krank?« (Gefühl) – »Der rufe zu sich die Ältesten . . .« (Ausdruck).

Der Abschnitt endet mit dem dritten Beispiel und dem Aufruf an die Ältesten, für den Kranken zu beten. Was Jakobus dann zu der Aussage in V. 15 führt, daß das Gebet des Glaubens den Kranken »aufrichten« wird.

Der Schlüssel zum Verständnis dieser Passage ist, daß man erkennt, daß wir die Verse 14 und 15 in unserem Denken trennen müssen, denn Jakobus sagt hier zwei verschiedene Dinge: 1. Ein kranker Christ sollte die Gemeindeältesten rufen, damit sie über ihm beten. – 2. Das Gebet des Glaubens wird den Kranken aufrichten. Jakobus sagt nicht, daß jedesmal, wenn die Ältesten über einem Kranken beten und ihn salben, dieser geheilt werden wird, sondern er sagt: Wenn ihr krank seid, dann holt die Ältesten, und laßt sie über euch beten; und in den Fällen, wo das Gebet des Glaubens dargebracht wird, wird dem Kranken geholfen werden.

Warum diese Sicht? Weil die im Griechischen für *Gebet* und *krank* benutzten Wörter in den beiden Versen verschieden sind. Vergleichen wir sie:

191

Vers 14: Hier wird für »krank sein« das griechische Wort *astheneoo* benutzt, das »krank« oder »schwach sein« bedeutet. In Apostelgeschichte 20,35 sind mit den »Schwachen« finanziell Notleidende gemeint.[6]

»Daß sie über ihm beten« übersetzt die Verbform des griechischen Wortes *proseuchomai*, das mit 87 Erwähnungen das im Neuen Testament am häufigsten benutzte Wort für das Beten zu Gott ist.

Vers 15: Hier ist das Wort für »krank sein« *kamnoo*; es kommt im Neuen Testament nur dreimal vor und bedeutet »müde«, »erschöpft sein«, kann aber auch für jemanden gebraucht werden, der unheilbar krank dahinsiecht. »Im physischen Bereich bedeutet das Wort ›hoffnungslos krank‹, d.h. so krank, daß der Tod kurz bevorsteht. Oft bezeichnete es die Toten.«[7]

Und der Ausdruck »das Gebet des Glaubens« übersetzt ein Wort, das im Neuen Testament nur dreimal vorkommt: *euchee*. Nur in Jakobus 5 wird es mit *Gebet* übersetzt; in Apostelgeschichte 18,18 und 21,23 ist die Übersetzung *Gelübde.* Es handelt sich also um mehr als ein Beten im Sinne von V. 14, nämlich um ein Gebet, das ein Gelübde einschließt.

Ich kann mir nur schwer vorstellen, daß Jakobus, der doch unter der Leitung des Heiligen Geistes schrieb, diese auffällige Wortwahl ohne guten Grund vornahm. Tat er es vielleicht, weil er hier über zwei unterschiedliche, wenn auch miteinander verwandte Fälle schrieb?

Und jetzt noch einmal genauer

Mehrere Punkte scheinen mir wichtig zu sein. Beginnen wir mit V. 14: 1. Es sind nicht die Ältesten, die den ersten Schritt tun und zu dem Kranken gehen, sondern der Kranke ruft die Ältesten zu sich. Ich will damit nicht kategorisch sagen, daß es unbiblisch sei, wenn Heilungsprediger durch das Land ziehen und ihre Salbungsgottesdienste halten, aber solche Praktiken können sich nicht auf Jakobus 5,14 berufen, denn sie entsprechen überhaupt nicht dem, woran der Autor hier denkt. Der Kranke in V. 14 ist zu schwach, um zum Gottesdienst zu gehen. Sein Zustand erfordert es, daß die Ältesten zu ihm kommen – auf seine Bitte.

2. Die Ältesten sollen über dem Kranken beten, »nachdem sie ihn im Namen des Herrn mit Öl gesalbt haben« (Menge). So weit verbreitet die Salbung mit Öl im Altertum war, so rätselhaft erscheint sie uns Heutigen. Niemand weiß genau, welche Funktion Jakobus der Salbung hier beilegt. Sie könnte *medizinisch* gewesen sein. Im Altertum galt Öl, vor allem Olivenöl, als heilkräftig; der griechisch-römische Arzt Galen nennt es »das beste Heilmittel gegen die Lähmung«. Die jüdischen Rabbiner benutzten es bei ihren Krankenbesuchen, und der barmherzige Samariter wusch die Wunden des Überfallenen mit Öl und Wein (Lukas 10,34).

Einige Ausleger sehen im Öl ein Symbol für den Heiligen Geist. In der Bibel erscheint Öl häufig als Symbol für den Geist, und das Salben mit Öl wäre dann ein Bekräftigung der Macht des Geistes, Krankheiten zu vertreiben. Andere betrachten das Öl als *Hilfe zum Glauben*, wieder andere glauben, daß das ganze Ritual auf die Zeit der Apostel beschränkt war.

Aber was immer auch das Öl bei Jakobus bedeutet, der springende Punkt ist, daß *der Herr* den Kranken aufrichtet und nicht das Salben oder die Gebete der Ältesten. Es wäre ein Fehler, wollte man alle Bemühungen um Heilung nach dem Modell bei Jakobus einrichten. Wie wir schon weiter oben sahen, beschränkten Jesus und seine Jünger sich nicht auf eine bestimmte Heilungsmethode. Jakobus erwähnt lediglich *eine* Variante.

Es überrascht nicht, daß die Anwendung dieser Passage auf unsere heutige Situation sehr umstritten ist. Viele behaupten, daß sie nur bis zum Ende der apostolischen Ära gültig war. Vielleicht haben sie recht, aber ich persönlich finde nichts Unbiblisches daran, wenn ein ernstlich kranker Christ die Ältesten seiner Gemeinde bittet, für ihn zu beten. Einem Kranken, der glaubt, daß solches Beten und Salben seinem Glauben hilft und Gott ehrt, würde ich dieses Recht nie verwehren.

Das Gebet des Glaubens

Doch nun zu V. 15. Hier ist zweierlei anzumerken, zunächst was den Ausdruck »das Gebet des Glaubens« angeht. Will Jakobus hier sagen, daß dann, wenn wir um Heilung beten, diese Heilung automatisch kommt, wenn wir nur genügend Glauben haben? Ich glaube nein. Wir haben oben schon gesehen, daß gläubiges Beten *nicht* immer zur Heilung führt. Aber was meint Jakobus dann?

Ich glaube, daß er sich hier auf eine ganz bestimmte Art des Gebets bezieht, ein Beten, das aus einem von Gott geschenkten besonderen Glauben hervorgeht. Im griechischen Urtext steht hier vor »Gebet« der bestimmte Artikel – »*das* Gebet des Glaubens«. Dieser Gebrauch des bestimmten Artikels ist von Bedeutung. »Die Grundfunktion des griechischen Artikels ist die Hervorhebung individueller Identität.«[8]

Das Gebet des Glaubens – das ist mehr, als im Glauben beten. Es ist ein ganz spezielles und spezifisches Gebet, zu dem Gott uns befähigt, indem er uns den Glauben an Heilung schenkt. Es handelt sich um einen Glauben und ein Gebet, die direkt von Gott kommen.

In seinem klassischen Büchlein über die Bibel und den Körper schreibt R. V. Bingham:

Die Frage, ob Gott auf natürliche oder auf übernatürliche Weise heilen will, wird sich im allgemeinen im Herzen derer, die um den Gebetsdienst gebeten worden sind, zeigen. Manchmal wirkt Gott durch den Glauben, der fähig ist, um die sofortige Heilung zu bitten, und wo solch ein inspiriertes Gebet erfolgt, kommt die Erhörung sofort, und alle anderen Schritte sind unnötig ... Andererseits sind wir in Versammlungen zugegen gewesen, wo stundenlang für ein geplagtes Kind Gottes gebetet wurde, wo die Beter sich auf den »Fels der Versöhnung« stellten und ausdrücklich ihr Recht, um Heilung zu bitten, in Anspruch nahmen – und *nichts geschah*, obgleich sie sich in den größten Ernst und Eifer hineinsteigerten.[9]

W. D. Evans war lange Jahre Pastor der Sunbridge Road Mission in Bradford (England). Kurz bevor er in den Ruhestand ging, hielt ich eine Vortragsreihe in seiner Gemeinde, und er erzählte mir einige seiner bemerkenswerten Erlebnisse mit Heilungen. Hier ein Beispiel, das er mir in einem Brief mitteilte und das das oben Gesagte illustriert:

»Meine Frau unterrichtete eine Zeitlang in einer Schule am Ort. Eines Tages kam sie mit einer ungewöhnlichen Bitte nach Hause. Eine Kollegin von ihr sehnte sich seit vielen Jahren nach einem Baby, aber medizinisch gab es wenig Hoffnung. Sie und ihr Mann fragten an, ob ich wohl für sie beten würde, daß Jesus, der Herr des Lebens, ihnen ein Kind schenken möge.

Die Bitte kam an einem Donnerstag; Donnerstag abends war meine Bibelstunde, und so bat ich die Teilnehmer, zusammen mit mir zu beten. Etwa drei Monate lang beteten wir jeden Donnerstag, bis die wunderbare Nachricht kam, daß Margaret schwanger war.

Später in demselben Jahr bat man mich, nach Thailand zu gehen, um in einer Missionarsbibelschule zu predigen. Es war eine gefährliche Reise und teuer dazu, und so brachte ich die Sache vor den Herrn und bat ihn, mir seinen Weg zu zeigen, was er auch tat.

Ein paar Wochen danach machte ich gerade Besuche in einem Krankenhaus in unserer Gegend, als eine Durchsage über die Lautsprecheranlage kam: ob ich bitte sofort in die etwa drei Meilen entfernte Entbindungsklinik fahren könne. Als ich durch die Tür der Klinik trat, sagte Gott mir ganz deutlich: »Dieses Kind wird leben.« Ich wußte in diesem Augenblick noch nicht, wem das Kind gehörte. Die Schwester auf der Frühgeburtenstation war ärgerlich, daß ich so lange gebraucht hatte; das Kind lag im Sterben. Ich zog einen Krankenhauskittel an, bat die Schwester, sich nicht aufzuregen, da das Kind durchkommen würde, und ging in die Station, wo man mich bat, das Kind zu taufen, bevor es starb; medizinisch gab es keine Hoffnung mehr. Und dann merkte ich: Das war ja unser »Bibelstundenbaby«, und es war viel zu früh geboren. Aber nach wie vor durchströmte mich eine große Freude und Zuversicht für dieses winzige Leben.

Die Schwester hat sich später bei den Eltern entschuldigt; sie dachte, ich sei betrunken, so freute ich mich über das Kind. Als ich zu der Mutter kam, dachte die erst, ihr Kind sei tot. Ich antwortete: ›Der Herr hat unsere Gebete nicht erhört, nur um das Kind gleich nach der Geburt wieder wegzunehmen. Es wird gut werden mit ihm.‹ Wir sprachen ein Dankgebet, und ich fuhr nach Thailand, den Herrn preisend, daß er mir seine Größe und Macht gezeigt hatte.

Heute ist Susan Elizabeth elf Jahre alt und ein wunderbares, schönes Mädchen.«

Krank von der Sünde

»Und wenn er Sünden getan hat, wird ihm vergeben werden.« Dies ist der zweite wichtige Punkt in V. 15. Jakobus zieht hier eine Verbindungslinie zwischen Krankheit und Sünde, die er im folgenden Vers weiter auszieht: »Bekennt also einander eure Sünden und betet füreinander, daß ihr gesund werdet. Des Gerechten Gebet vermag viel, wenn es ernstlich ist« (V. 16).

Wenn Jakobus in V. 15 sagt: »und wenn er Sünden getan hat«, dann ist klar, daß er den Kranken nicht als möglicherweise sündlos betrachtet. Wo es um unsere Sündhaftigkeit geht, gibt es eigentlich kein »wenn«. Nein, Jakobus spricht hier, in diesem Kontext, nicht über Sünden im allgemeinen Sinne; was er meint, ist: »wenn er so gesündigt hat, daß er damit diese Krankheit über sich gebracht hat«. Das griechische Wort für *getan* ist ein Partizip Perfekt, das im konditionalen periphrastischen Perfekt Aktiv Konjunktiv der dritten Person benutzt wird (diese Information ist für Rechtsanwälte, Ärzte, Steuereinnehmer und Leute, die Versicherungsverträge formulieren), und es bedeutet, daß die Möglichkeit, ja sogar die Wahrscheinlichkeit besteht, daß die Krankheit durch Sünde verursacht ist. Um nochmals Curtis Vaughn zu zitieren: »Diese Worte legen nahe, daß Krankheit in manchen Fällen durch die Sünde des Kranken hervorgerufen sein kann. In solch einem Fall wäre eine Wunderheilung ein klarer Hinweis darauf, daß die Sünden des Patienten vergeben sind.«[10]

Der kritische Punkt hier ist die offensichtliche Verbindung zwischen Krankheit und Sünde. Die mögliche Schlußfolgerung lautet: All das, was Jakobus hier über das Beten für die Kranken lehrt, gilt nur für solche Fälle, wo die Krankheit durch Sünde verursacht ist. Die Auslegungsregel, daß jeder Text im Lichte seines Kontextes zu deuten ist, gibt uns mehr als genügend Raum für diese Folgerung.

Einige Hilfen für das Gebet um Heilung

Ich möchte zum Schluß einige Orientierungshilfen für das Gebet für die Kranken geben – Hilfen, nicht Gesetze, denn es gibt in dieser Sache keine ehernen, endgültigen Regeln. Letztlich müssen wir einfach »ran an den Feind gehen«, so gut wir können, und darauf vertrauen, daß Gott unser Herz kennt und uns etwaige Formfehler vergibt.

1. Seien Sie ehrlich zu sich selber, zu Ihren Mitmenschen und zu Gott. Kann sein, daß die anderen Ihnen negatives Denken vorwerfen, aber vergessen Sie nicht: Sie ist dünn, die Grenze zwischen einem positiven Glaubenszeugnis und schlichtem Lügen. Es ist keine Schande, krank zu sein.
2. Beten Sie und bitten Sie Gott, Sie in Ihrem Beten zu leiten.
3. Bitten Sie Gott um seine Heilung.
4. Nützen Sie die beste medizinische Hilfe, die Sie bekommen können.
5. Bekennen Sie Ihre Sünden. Wenn Sie etwas gegen jemanden haben, bringen Sie es in Ordnung, und suchen Sie die Versöhnung.
6. Beten Sie darum, daß Sie ein guter Schüler sind und all das lernen, was Gott Ihnen durch diese Krankheit zeigen will.
7. Versuchen Sie Gott nicht, indem Sie Ihre Heilung einfordern.
8. Beurteilen Sie Gott nicht danach, wie es Ihnen gesundheitlich geht.

9. Vergessen Sie nicht, daß im Zentrum des christlichen Glaubens das Kreuz steht; bitten Sie Gott, Ihr Leiden als Mittel zu benutzen, um andere zu ihm zu bringen.

10. Wenn Sie nicht wissen, was Sie beten sollen, dann beten Sie: »Vater, verherrliche deinen Namen« (Johannes 12,28).

Aber was, wenn nach all dem Gott »Nein« sagt?

KAPITEL 19

Wenn Gott »Nein« sagt

Einige meiner größten Gebete hat Gott nicht erhört.

Trotz meiner ernsten Gebete und der vieler anderer Menschen starb meine Mutter mit nur 60 Jahren an Krebs. Unser ältester Sohn, der manisch-depressiv war, nahm sich mit 18 Jahren das Leben, und wir hatten nicht bloß *gehofft*, daß Gott ihn heilen würde, wir hatten es *gewußt*; Gott hatte uns eine Verheißung gegeben, die Kaye an den Kühlschrank geklebt hatte. Dann starb mein Schwiegervater mit 62 Jahren an Krebs, und 1990 erlag auch mein Vater dem Krebs.

Beim Thema »Heilung« gibt es eine bohrende Frage, die jeden plagt und auf die es keine befriedigende Antwort gibt: Warum heilt Gott die einen, und die anderen heilt er nicht?

Eddie und Michele Rasnake sind liebe Freunde von mir und Mitarbeiter in der Woodland Park Baptist Church in Chattanooga (Tennessee). Kurz nach der Geburt ihres vierten Kindes bekam Michele brennende Rückenschmerzen, die rasch unerträglich wurden. Am 8. Oktober 1992 erfuhr diese schöne 30 Jahre alte Ehefrau und Mutter ihre Diagnose: Non-Hodgkin-T-Zellen-Lymphom in der Brust, Schulter, Leber, am Kinn, am Arm, an drei Stellen in der Wirbelsäule und im Becken – ein aggressiver Krebs im vierten Stadium. Die Ärzte gaben ihr eine Überlebenschance von 20 bis 40 Prozent – in Wirklichkeit ein Todesurteil.

Die Untersuchungen und die Therapie verschlimmerten die Schmerzen noch. Eine Transfusion führte zu einer heftigen Reaktion. Mit jedem Tag wurde das Leidenstal tiefer. Just an einem Tag, wo ihre Lieben um ihre Heilung beteten und fasteten, verschlechterte Micheles Zustand sich rasend; man mußte ihr Eisumschläge gegen das Fieber machen. Dann führte die Chemotherapie zu einer Hirnhautentzündung. Die Kopfschmerzen waren so heftig, daß ihr Kopf alle paar Minuten heftig zuckte. Die Ärzte gaben ihr Morphium gegen die Schmerzen; nach zwei Stunden verdoppelten sie die Dosis.

»In den dunkelsten Stunden«, erinnert sich Eddie, »konnten wir nur noch die Psalmen lesen. Einmal lasen wir sie fast zwei Stunden lang, *bis wir wieder die richtige Perspektive hatten*« (Hervorhebung von mir). Man rief einen Rechtsanwalt, um das Juristische zu regeln. Viele glaubten, daß Michele es nicht schaffen würde. »Wir begannen uns mit dem Gedanken vertraut zu machen, daß sie es nicht packen würde«, berichtet Eddie. Dann bekam Michele auch noch Herzrhythmusstörungen.

Doch immer wieder rief Gott Eddie und Michele zurück zu einem Wort. Ein Bibelvers, der Michele sehr wertvoll wurde, war Offenbarung 4,8: »Heilig, heilig, heilig ist Gott der Herr, der Allmächtige, der da war und der da ist und der da kommt. Heilig, heilig, heilig . . .«

Eine erneute Biopsie am 9. März 1993 zeigte immer noch Krebs in der Wirbelsäule. Die Ärzte empfahlen eine Knochenmarktransplantation sowie eine weitere Biopsie. Am Abend vor dieser Biopsie suchte Michele den Herrn, und er war treu. »Mir war«, sagte sie, »als ob ich so weit gekommen war, wie ich konnte, und so viel gelitten hatte, wie ich aushalten konnte. Ich sagte Eddie scherzhaft, daß er mich nicht suchen sollte, falls das Auto weg war, wenn er aufstand. . . .

Nach einer Weile spürte ich in meinem Geist, wie Gott zu mir redete. Er sagte: ›Genug ist genug‹ und: ›Ich will etwas Großes tun.‹ Ich wußte nicht, ob Gott mich heilen oder mich zu sich nach Hause holen wollte oder was auch immer. *Das war auch nicht wichtig.* Die Freude und dieser tiefe Friede in Gottes Gegenwart – es war wunderbar.« (Hervorhebung von mir)

Die erneute Biopsie erfolgte am 17. März 1993. Kein Krebs mehr, keine einzige Zelle. Nirgends. Es war ein Wunder Gottes. Bis heute ist der Krebs nicht wiedergekommen, und die Ärzte haben Michele für geheilt erklärt.

Michele betont: »Das größte Wunder war nicht, daß er mich heilte, sondern daß seine Gnade uns Schritt um Schritt durchtrug. Eddie sagt immer: ›Dies ist nicht die Geschichte unseres großen Glaubens, sondern die Geschichte von Gottes Treue.‹« Und als Eddie und ich uns kürzlich darüber unterhielten, warum manche Menschen geheilt werden und andere nicht, sagte er: »Das weiß ich auch nicht. Wir kennen Menschen, die das gleiche hinter sich haben wie wir, aber sie wurden nicht gesund.«

Hat Gott zu Ihnen »Nein« gesagt? Was tun? Gehen Sie zurück zu Kapitel 18, lesen Sie die Hilfen für das Gebet um Heilung durch, und beten Sie wieder. Was haben Sie zu verlieren? Ich glaube daran, in jedes Loch hineinzuschießen; wenn der Teufel drinsitzt, werden wir ihn treffen.

Wenn Gott jedoch bei seinem Nein bleibt, muß uns klar sein, daß es bei Gottes Entscheidungen keine Berufungsinstanz gibt. Die Antwort auf die Frage: »Warum heilt Gott die einen und nicht die anderen?« ist letztlich ein Geheimnis, das zu tun hat mit . . .

Gottes Allmacht

Vielen Christen kommen, wenn sie in ihrem Leben Leiden, Tod und Bösem gegenüberstehen, plötzlich ernste

Zweifel an Gottes Güte und Fürsorge für seine Kinder. Das Schicksal hat zugeschlagen, wir liegen mit einer Reifenpanne am Rande unserer schönen Lebensstraße, und jetzt kommen sie, die Fragen: Kümmert Gott sich noch um mich? Bringt es wirklich etwas, wenn ich bete und glaube? Gibt es wirklich Wunder?

Es ist ein altbewährter christlicher Glaubenssatz, daß Gott die Welt erschaffen hat und in Güte und Gerechtigkeit über sie herrscht. Der Christ glaubt, daß Gott in dieser Welt am Werk ist, um sein Ziel – die Erfüllung für seine ganze Schöpfung – zu erreichen. Aber stimmt das auch? Ist Gott wirklich am Werk? Greift er in das Leben seiner Kinder ein? Erhört er Gebet, und belohnt er Glauben?

Für die frühen christlichen Denker waren dies keine sehr drängenden Fragen (und solange es uns gutgeht, sind sie es auch für die meisten von uns nicht). Jahrhundertelang war es den Gläubigen ein Trost (und ist es noch heute), daß über ihrem Leben Gottes Fürsorge oder, wie es meist genannt wird, »Vorsehung« waltete. Unter »Vorsehung« verstehe ich Gottes beständiges Walten und Wirken, durch welches er seine Schöpfung erhält und zu dem Ziel hinführt, das er für sie hat. Doch seit dem Aufkommen der Aufklärung im 17. Jahrhundert steht das wissenschaftliche und philosophische Denken zunehmend in Konflikt mit dem Glauben an Gottes Vorsehung, an Wunder und an den Wert des Gebets.

Der Kirchenvater Augustinus (354-430), der vielleicht größte Theologe der alten Kirche, entwickelte eine komplizierte Lehre über die Beziehung zwischen dem Wirken Gottes und dem des Menschen: Einerseits steht die gesamte Menschheitsgeschichte gänzlich unter Gottes Allmacht, Befehl und Vorsehung; alles, was Menschen tun, ist von Gott gelenkt. Doch andererseits wirkt Gott in und durch (natürliche und menschliche) endliche Ursachen und Mittel (zum Beispiel Glauben, Gebet, Ärzte und Medizin).

Thomas von Aquin (1225-1274), ein italienischer Theologe des Mittelalters, lehrte, daß Gott sowohl auf direkte Art in der Welt wirken könne als auch mittelbar durch endliche Ursachen. Die römisch-katholische Theologie folgt dieser Lehre im großen und ganzen bis zum heutigen Tag.

Johann Calvin (1509-1564), der Vater der reformierten Theologie, betonte, daß Gott absolut über die Welt regiere und daß sein göttlicher Wille die Ursache aller Dinge sei. Für Calvin ist jeder Regentropfen und der Flug jedes Vogels von Gottes Willen und Plan bestimmt; manchmal wirkt Gott durch mittelbare Ursachen, manchmal ohne sie, ja sogar gegen sie.

Doch wie schon gesagt, das Aufkommen der modernen Wissenschaft im 17. und 18. Jahrhundert mit ihrem alleinigen Interesse an natürlichen Ursachen und der Untersuchung natürlicher Geschehnisse führte zu Zweifeln an der Realität von Gottes Wirken in der Welt.

Deismus

Als Vater des Deismus gilt gemeinhin Edward Herbert, Lord of Cherbury, ein englischer Staatsmann und Philosoph des 17. Jahrhunderts. Der Deismus behauptet, daß Gott sich nach Erschaffung der Welt aus dieser zurückzog und sie ihren eigenen Gesetzen überließ. Für den deistischen Theologen ist Gott der berühmte Uhrmacher, der die Welt, nachdem er sie einmal aufgezogen hat, von alleine dahinticken läßt. Diese Leugnung, daß Gott in die Welt eingreifen kann, widerspricht natürlich der christlichen Lehre.

Der Deismus hat große historische Bedeutung gehabt, und auch wenn er als aktive Philosophie tot ist, wirkt doch sein Erbe bis heute im theologischen Denken nach. Bei den Liberalen und Säkularisten ist das Wunder als Kategorie zur Deutung göttlichen Handelns praktisch verschwunden. »Wunder« – das ist sozusagen der religiöse Name für »Ereignis«.

Die Mehrheit der konservativen Christen jedoch glaubt nach wie vor, daß Gott heute wie gestern durch Wunder, durch seine Vorsehung und durch Gebeserhörungen in seine Welt eingreift.

Wenn es persönlich wird

Viele Christen bringen es fertig, das Gemetzele in Bosnien und Somalia im Fernsehen zu sehen, Bücher über den Holocaust zu lesen und zum Frühstück die neuesten Mordtaten, Hungersnöte und Flugzeugabstürze geliefert zu bekommen, ohne auch nur einmal Zweifel zu bekommen, daß Gott gut ist und daß er fähig und willens ist, seinen Kindern zu helfen. Doch dann, wenn das Böse sie persönlich trifft, bricht plötzlich eine Flut von Zweifeln und Fragen los, die ihnen vorher nie in den Sinn gekommen wären. Hans Küng sagt zu Recht: »Viele Menschen haben heute weniger Schwierigkeiten, an einen Schöpfer als an einen Lenker aller Dinge zu glauben.«[1]

1981 schrieb Rabbi Harold Kushner seinen Bestseller *Wenn guten Menschen Böses widerfährt*, in welchem er seine Auseinandersetzung mit dem Tod seines vierzehnjährigen Sohnes an Progeria (rasende vorzeitige Vergreisung) schildert. Ein Fernsehinterviewer fragte ihn, warum er das Buch geschrieben hatte. Er antwortete, daß er in seinen vielen Jahren als Rabbi den Tod vieler Menschen erlebt und zahllose Beerdigungen durchgeführt hatte, ohne auch nur einmal Zweifel an Gott zu bekommen. Erst als er mitansehen mußte, wie die furchtbare Krankheit seinen Sohn dahinraffte, begann der Zweifel seinen Glauben zu belagern.

Kushner sagt: »Ich glaube an Gott. Aber ich glaube nicht in der Weise an ihn wie vor Jahren, als ich heranwuchs oder Theologiestudent war. Ich bin mir der Grenzen Gottes bewußt geworden.«[2] Und weiter: »Gott will nicht, daß jemand krank oder verkrüppelt ist. Er will nicht, daß jemand jetzt oder später leiden muß, aber Er ist machtlos dagegen.«[3]

Für Kushner ist die Lösung einfach: Reduziere den allmächtigen, souveränen Gott auf einen guten, aber in seiner Macht begrenzten, und du kannst den Tod eines unschuldigen Kindes annehmen, ohne an Gott irre zu werden.

Wohl kaum ein rechtgläubiger Christ wird dies so sehen wollen, aber wenn wir ehrlich sind, müssen wir zugeben: Jawohl, auch uns kommen Zweifel, wenn Gott zu schweigen scheint. Und so bleibt es, das Geheimnis. Oder doch nicht ganz?

Der leidende Gott

Daß Gott leiden kann, ja leiden will, galt früher geradezu als Irrlehre. Aber der Gott, den uns die Bibel zeigt, ist einer, der mit seinem Volk leidet. Nicht nur »erlöste er das Volk Israel aus der Knechtschaft und machte es zu einer großen Nation, er . . . teilte auch seine totale Demütigung, Machtlosigkeit und Leiden, als es von seinen Feinden besiegt und gefangen in ein fremdes Land geführt wurde.«[4]

Eine Illustration dieses leidenden Gottes finden wir in Jesaja 54,7-8. Mit Tränen in den Augen läßt Gott das Gericht kommen, aber er verläßt die Leidenden nicht:

Ich habe dich einen kleinen Augenblick verlassen, aber mit großer Barmherzigkeit will ich dich sammeln. Ich habe mein Angesicht im Augenblick des Zorns ein wenig vor dir verborgen, aber mit ewiger Gnade will ich mich deiner erbarmen, spricht der Herr, dein Erlöser.

Hieran muß wohl der englische Dichter John Donne gedacht haben, als er schrieb:

Wenn du mit Zorneswolken auch verbirgst
dein Antlitz, seh' ich doch der Augen Schein,
die, ob sie sich auch wandten ab,
nie ganz verwerfen mich.

Gott steht nicht unbeteiligt dabei, wenn wir leiden. Hebräer 4,15 versichert uns, daß Jesus in allen Dingen so versucht worden ist wie wir, jedoch ohne zu sündigen. Er weiß nicht nur, wie uns zumute ist, *er leidet mit uns mit* in unserer Schwachheit. Das griechische Wort für »mitleiden« bedeutet: die Erfahrung eines anderen teilen; und dies ist nicht in einem bloß psychologischen, sondern in einem existentiellen Sinne zu verstehen: Der Erhöhte leidet mit der Schwachheit des Versuchten mit.

Der folgende Vers, Hebräer 4,16, fährt fort: »*Darum* laßt uns hinzutreten mit Zuversicht zu dem Thron der Gnade, damit wir Barmherzigkeit empfangen und Gnade finden zu der Zeit, wenn wir Hilfe nötig haben« (Hervorhebung von mir). Das »Darum« weist auf das in V. 15 Gesagte zurück. Warum können wir »mit Zuversicht hinzutreten«? Weil Jesus genau weiß, wie uns zumute ist, ja unser Los mit uns teilt. Unerhörte Bitten um Heilung sollten uns nicht von Gott wegdrücken, sondern umgekehrt noch näher zu ihm ziehen.

Gott ist anders

Wenn wir Gottes Handeln in Frage stellen oder seine Treue bezweifeln, sind wir begrenzte Geschöpf mit begrenzten Hirnen, die versuchen, einen unbegrenzten Gott zu verstehen. Oft schaffen wir uns in unserem Denken Gott nach unserem eigenen Bild: Wir erwarten, daß er sich so verhält wie wir, wir beurteilen ihn nach unseren Maßstäben, schieben ihm unsere Definitionen von »gut«, »gerecht« und »fair« unter. Wir müssen lernen – und dies ist eine harte Lektion –, daß zwar wir ein System der Gerechtigkeit brauchen, nicht aber Gott. Gott legt die Normen für das Verhalten der Menschen fest, aber er selber ist nicht an sie gebunden, wenn er es nicht will.

Von Kind auf hört der Christ (nicht immer richtig), wie Gott ist, bis er sich schließlich einbildet, sich mit Gott auszukennen. Wie ein Pastor mir kürzlich sagte: »Das mit Gott, da macht mir keiner mehr was vor.« Beunruhigende Worte. Aber oft fährt Gott neben den Gleisen, die wir ihm gebaut haben. Zwei Einsichten können uns hier vielleicht helfen:

1. Gott hat einen anderen Fahrplan als wir

Wir sind Geschöpfe, die an Raum und Zeit gebunden sind. Wir richten uns nach Uhren, Terminkalendern und Zeitplänen, der schmerzlichen Tatsache bewußt, daß wir nur begrenzt Zeit haben und daß diese Zeit rasch dahinfließt. Für uns gibt es Vergangenheit, Gegenwart und Zukunft. Für Gott gibt es nur Gegenwart, das ewige Jetzt.

Gott nimmt sich fast immer mehr Zeit, als wir denken, wie schon bei Abraham und Sara und Mose. Er hat die große Perspektive, denn für ihn sind tausend Jahre wie ein Tag und ein Tag wie tausend Jahre (von dem zweiten kenne ich etwas). Dieses gegenwärtige Leben macht erst im Lichte der Ewigkeit Sinn. Bei Gott ist der rechte Zeitpunkt wichtiger als die Länge des Zeitraumes.

2. Gott hat ein anderes Wertesystem

Für uns bedeuten die Worte »gut« und »Segen«, daß es uns gutgeht und wir glücklich sind. Aber für Gott bedeuten die gleichen Worte vielleicht Charakterfestigkeit, Tugend, Anstand. Wir denken in irdischen Kategorien, Gott in geistlichen, d.h. heilig sein ist besser als glücklich sein, Charakter erstrebenswerter als Behaglichkeit.

Für uns ist ein goldener Ring oder eine Uhr ein Wertgegenstand, den wir teuer kaufen und noch teurer versichern. Im Himmel sind die Straßen mit Gold gepflastert. Wenn ich meinen Goldring mit in den Himmel nehmen könnte, würde der Straßenmeisterengel sagen: »Danke, wir haben da ein kleines Schlagloch, das gefüllt werden muß.«

Wenn wir Gottes Wege ganz verstehen könnten, unser Glaube würde niemals von Zweifeln geplagt. Shirley Guthrie sagt:

> Im Glauben an *diesen* allmächtigen Gott leben – das bedeutet, daß wir die Gegenwart und das Wirken Gottes in unserem Leben und in der Welt um uns herum nicht nur dann erwarten und erleben, wenn wir gesund, glücklich und erfolgreich sind, sondern auch dann, wenn es durch Schmerz und Leid, Trauer und Tod geht; nicht nur da, wo es ein Happy-End gibt, sondern auch dort, wo das Ende tragisch ist ... Weil Gott so mächtig ist, daß nichts, was uns geschieht, so schmerzlich sein könnte, daß er nicht mitten in ihm bei und mit und für uns sein kann.[5]

Wenn Gott also »Nein« sagt, dann vergessen wir nicht . . .

1. Es gibt Böses in der Welt

Wir leben in einer gefallenen Welt, auch als Christen, und sie ist gefallen, weil der Mensch gefallen ist. Sie ist nicht mehr so, wie Gott sie ursprünglich schuf. Und Gott hat uns nirgends versprochen, uns in dieser Welt alles Leiden zu ersparen. Die Bibel ist voller Beispiele dafür, wie gute, ja beste Menschen durch unverschuldetes Leid hindurchmußten; das größte Beispiel ist Christus. Und wir können nicht erwarten, daß Gottes Gnade uns schenkt, was sie noch nicht einmal Jesus gewährte: uns das Böse, das Leiden und den Tod zu ersparen.

2. Gott ist allmächtig, aber er respektiert unsere Freiheit

Die Freiheit ist der größte Segen und der größte Fluch des Menschen. Er kann sich frei entscheiden, aber er muß die Folgen falscher Entscheidungen ausbaden. Die Menschheitsgeschichte ist eine große Kette falscher Entscheidungen. O wir wären sofort dafür, Hitler, Stalin und Konsorten ihre Freiheit zu nehmen, damit sie nicht ihre Verbrechen begehen können. Aber wenn Gott *einem* Menschen seine Freiheit nimmt, muß er sie allen nehmen – und *unsere* Freiheit, die wollen wir nicht hergeben!

3. Freiheit heißt, nicht im Griff haben

Wir mögen unsere Entscheidungsfreiheit nach bestem Wissen und Gewissen ausüben, aber letztlich entzieht sich das Leben unserer Kontrolle. Das einzige, was wir im Griff haben, ist unsere *Reaktion* auf die Dinge, die wir nicht im Griff haben.

4. Gottes Eingreifen zielt auf sein Erlösungswerk auf Erden ab

»Erlösungsbezogen« hieß der Ausdruck, den manche früheren konservativen Theologen benutzten. Alles, was Gott tut, das tut er, um sein Erlösungswerk voranzubringen. Wenn wir »in Jesu Namen« beten, dann ist das mehr als eine Formel; es bedeutet, daß wir in Übereinstimmung mit der Offenbarung von Gottes Wesen und Plan, wie sie in Christus Gestalt gewonnen hat, beten. Er schenkt Gebetserhörungen und Wunder, die uns und andere dazu bringen, ihn zu verherrlichen und zu ehren.

5. Bekenne dich zu dem leidenden Gott und seinem Willen

Gott will in der Endlichkeit und Zerbrechlichkeit seines Volkes gegenwärtig sein. Er kommt hinein in unser Leiden und Leben – nicht nur, um es selber zu erleben, sondern um in ihm sein Schöpferwirken zu entfalten. Der Passionsbericht des Markus verknüpft das Thema der Allmacht Gottes mit dem der Notwendigkeit des Leidens. Dazu Sharyn Echols Dowd:

> Die Versöhnung dieser beiden Akzente geschieht in einer Gebetsszene. Bedeutete das Gebet im bisherigen Evangeliumsbericht die Verfügbarkeit von Macht, so wird es jetzt der Akt, in welchem Jesus sich dem Leiden stellt und es annimmt ... Was ... Jesus schließlich in seinem Gebet wählt, ist weder Macht noch Leiden, sondern der Wille Gottes. Jesus ist der Eine in dem Evangelium, der den Willen Gottes sowohl dann tut, wenn dies Teilhabe an Gottes Macht bedeutet, als auch dann, wenn es zu Leiden und Tod führt ... Was beidem, Macht und Leiden, Erlösungscharakter verleiht, ist eben dies, daß sie »Wille Gottes« sind ... [Jesu Jünger werden] zu

dem Gebet angehalten, das Macht erwartet und Leiden annimmt.[6]

6. Gib deinem Schmerz eine Stimme

Ich meine damit nicht das Reden über die Krankheit, die Diagnose und die Ärzte, sondern es geht mir um unsere *Gefühle* und *Ängste*, die mit unserer Krankheit verbunden sind. Zu viele Kranke haben niemanden, mit dem sie reden können. Wir trauen uns nicht, einfach zu sagen, wie uns zumute ist, weil unsere fromme Umwelt den üblichen hochgeistlichen Jargon von uns erwartet. Angst – das ist in der frommen Szene gleichbedeutend mit Kleinglauben und mithin Sünde, was unserem Elend gleich noch Schuldgefühle hinzufügt. Wenn meine Gefühle in die richtige geistliche Schublade passen müssen, bin ich nicht mehr Person, sondern Objekt.

Kranksein beraubt mich eines Teils meines Lebens, und über diesen Verlust muß man trauern und reden können. Arthur Frank kommentiert: »Kranke reden viel, aber selten erlebe ich, daß sie über ihre Hoffnungen und Ängste reden, darüber, wie es ist, Schmerzen zu haben, oder welchen Sinn sie ihrem Leiden und der Aussicht auf den Tod abgewinnen. Sie sind uns peinlich, solche Themen, und wir sind es nicht gewohnt, über sie zu reden.«[7]

Um in unserer Krankheit mehr zu sehen als nur Schmerz und Verlust, müssen wir lernen, über sie zu reden, und unsere Mitmenschen müssen das barmherzige, nicht richtende Zuhören lernen.

7. Gott war Erlöser, bevor er Schöpfer war

Ich habe eine große Nachricht für alle Leidenden. Wir gehen gewöhnlich davon aus, daß der erste Akt Gottes, den die Bibel uns offenbart, die Schöpfung war, aber die

Bibel stellt klar, daß Gott bereits Erlöser war, bevor er Schöpfer wurde:

> Daß er [Jesus] für uns sterben sollte, hatte Gott schon vor Erschaffung der Welt bestimmt. (1. Petrus 1,20 Hoffnung für alle)
> Denn in ihm hat er uns erwählt, ehe der Welt Grund gelegt war ... (Epheser 1,4)
> Wir wissen aber, daß denen, die Gott lieben, alle Dinge zum Besten dienen, denen, die nach seinem Ratschluß berufen sind. Denn die er ausersehen hat, die hat er auch vorherbestimmt, daß sie gleich sein sollten dem Bild seines Sohnes, damit dieser der Erstgeborene sei unter vielen Brüdern. (Römer 8, 28-29)

Schon vor Grundlegung der Welt war Jesus das Gotteslamm. Vor Eden war schon Golgatha, vor dem Lebensbaum das Kreuz Christi, vor der Sünde schon der Heiland. Was heißt das? Was immer uns auch widerfährt in dieser Welt, Gottes Liebe steht außer jedem Zweifel.

Auch dann, wenn er »Nein« sagt.

Ich beende dieses Kapitel mit Worten, die ich auf einer Gedenktafel in einer Reha-Klinik sah. Es ist nicht ganz klar, von wem sie stammen; sie werden einem Soldaten des amerikanischen Sezessionskrieges zugeschrieben, der mehr als sein Quantum an Leid erduldet hatte.

Credo für alle, die gelitten haben

Ich bat Gott um Kraft, um etwas zu schaffen.
Er machte mich schwach, auf daß ich Gehorsam lernte ...

Ich bat um Gesundheit, um Großes zu tun.
Er gab mir Krankheit, um Besseres zu tun.

Ich bat Gott um Reichtum, um glücklich zu sein.
Er schenkte mir Armut, um weise zu werden ...

Um Macht bat ich und Ruhm bei den Menschen.
Schwachheit bekam ich, auf daß ich Gottes bedurfte.

Ich bat um alles, um mich des Lebens zu freuen.
Er gab mir Leben, damit ich mich aller Dinge freute.

Nichts von dem, was ich erbat, bekam ich –
aber alles, was ich erhofft hatte.

Fast wider meinen Willen wurden sie erhört,
meine unausgesprochenen Gebete.

So bin ich der Gesegnetste unter den Menschen!

KAPITEL 20

»Ich möchte dir sterben helfen«

*Die größte Würde, die der Tod hat, ist die Würde des
Lebens, das ihm voranging.*
Sherwin B. Nuland, *Wie wir sterben*

Eine englische Kleinstadt. Eine junge Mutter, die an
Krebs stirbt. Sie glaubt, daß Gott sie heilen will. Jeden Tag
versammeln sich Menschen aus ihrer Gemeinde an ihrem
Bett, beten um ihre Heilung, proklamieren die Heilung,
fordern sie auf, sich als geheilt zu betrachten. »Du bist
geheilt«, sagen sie ihr, und sie glaubt das.

Eines Tages trifft ein Pastor, der die junge Familie kennt,
auf der Straße ihren Mann. »Wie geht's deiner Frau?« fragt
er. Der Kopf des Mannes geht nach unten. »Schlechter.
Seit zwei Wochen geht es steil bergab.«

Der Pastor fragt: »Kommen ihre Freunde noch, um für
sie zu beten?«

»Nein, die letzten zwei Wochen sind sie nicht mehr
dagewesen.«

»Wäre es euch recht, wenn ich sie mal besuche?«

»O ja, bitte.«

Am nächsten Tag betritt der Pastor leise das Kranken-
zimmer. Schockiert stellt er fest, wie sehr die Kranke sich
seit seinem letzten Besuch verändert hat. Sie ist fast zum
Skelett abgemagert, ihr Gesicht ist bleich und eingefallen.
Der bekannte Geruch des Todes liegt über dem Zimmer.
Der Pastor, der meint, daß die Kranke schläft, tritt auf
Zehenspitzen an ihr Bett. Da öffnen sich ihre Augen, sie
sieht ihn an.

»Herr Pastor«, flüstert sie. »Wollen Sie um meine Heilung beten?«

Der Pastor setzt sich vorsichtig auf die Bettkante, nimmt ihre Hände in die seinen und sagt: »Nein, Doris. Ich will nicht um deine Heilung beten, ich möchte dir helfen zu sterben.«

Tränen füllen ihre Augen. »O Herr Pastor«, weint sie. »Danke! Danke!«

Eine geschlagene Stunde lang liest der Pastor ihr eine Bibelstelle nach der anderen vor, versichert ihr, daß Gott bei ihr ist, lenkt ihren Blick auf die Herrlichkeit, die auf sie wartet.

Als der Pastor mir diese Geschichte erzählte, ging mir dieser eine Satz nicht mehr aus dem Kopf: *Ich möchte dir helfen zu sterben.*

Das ganz große Tabu

Jede Heilung ist nur ein Aufschub. Ständig grinst der Tod uns über die Schulter – aber wir scheuen uns, über ihn zu reden. Wie eine junge Frau es ausdrückte: »Sterben – der bloße Gedanke erschreckt mich zu Tode.« Und wir werden in diesem Schweigen noch bestärkt durch eine Gesellschaft, die die Jugend vergöttert und das Alter verachtet, die die Alten und Kranken in Pflegeheimen versteckt und den Tod um jeden Preis zu verheimlichen versucht.

Selbst die *Worte* »Tod« und »Sterben« meidet man. Elisabeth Kübler-Ross berichtet, wie sie einmal den Leiter eines 600-Betten-Krankenhauses fragte, ob sie wohl in seinem Haus mit Sterbenden arbeiten könne. Die Antwort: »In unserer Klinik sterben die Leute nicht, sie machen die Augen zu.«[1] Vor hundert Jahren war es unschicklich, über sexuelle Themen zu sprechen, heute ist der Tod das große Tabu. Joseph Bayle kommentiert: »Die Kombination aus kultureller Todesverdrängung und mangelnder Gelegenheit, dem Sterben von Menschen beizuwohnen, führt bei vielen Menschen zu einer gesteigerten Angst vor dem Tod.«[2]

Ich glaube, wir sollten die Hoffnung auf Heilung nie aufgeben und sie auch dem Patienten nicht nehmen. Wir sollten weiter um Heilung beten, solange Gott uns den inneren Frieden dazu schenkt. Aber wenn der tödliche Ausgang der Krankheit zur Gewißheit wird, haben wir eine weitere und, wie ich glaube, größere Pflicht: dem Kranken zu helfen, in Würde und Frieden zu sterben.

Reinen Wein einschenken?

Soll man dem Kranken sagen, daß es mit ihm zu Ende geht?

Soweit ich mich zurückerinnern kann, ist die Antwort auf diese Frage fast immer »Nein« gewesen. Meist wollten selbst die Angehörigen des Sterbenden die Wahrheit nicht wissen. Zugeben, daß es ans Sterben geht – das war die große Kapitulation. Und so tat man so, als ob, und verdrängte die Realität des Todes. Im Grunde wußte natürlich jeder, daß der Patient dem Tod geweiht war, und irgendwann merkte es auch der Patient selber. »Er merkt es an der veränderten Art, wie die anderen ihm begegnen, an der leiseren Stimme und überhaupt dem Bemühen, leise zu sein, an den Tränen oder dem versteinerten Blick auf dem Gesicht eines Verwandten, der seine wahren Gefühle nicht ganz verbergen kann.«[3]

Und so beginnt der absurde Ringeltanz. Wir wissen, daß der Kranke sterben muß, er weiß, daß er sterben muß, er weiß, daß wir wissen, daß er sterben muß, wir wissen, daß er weiß, daß wir wissen, daß er sterben muß – und jeder tut so, als wäre nichts. Ich frage mich, ob wir mit unserer Weigerung, dem Kranken offen das zu sagen, was er doch schon selber weiß oder zumindest argwöhnt, nicht vor allem unsere eigenen Gefühle schonen wollen und nicht nur die seinen. Sie ist ein Bärendienst, diese Weigerung, beraubt sie doch uns wie auch den Kranken einer kostbaren Gelegenheit zum mitmenschlichen Dienen.

1972 wurde bei meiner Mutter Dickdarmkrebs festgestellt. Ein Jahr später hatte der Krebs auch die Leber erfaßt, und sie wußte, daß sie sterben mußte. Im Oktober 1973 kamen sie und Vater aus Arkansas zu uns nach Dallas auf Besuch. Eines Tages, als ich mit ihr alleine war, sagte sie: »Keiner redet darüber. Alle tun sie so, als wäre ich nicht krank. Ich muß endlich mal darüber reden können!« Sie war ein Opfer des »Dritte-Person-Syndroms«, jener gutgemeinten Heuchelei, die die wirklichen Bedürfnisse des Betroffenen ignoriert. Ich hatte das Thema natürlich nicht angesprochen, weil ich Angst hatte, daß ihr das weh tun würde. Aber was sie brauchte und wollte, war Ehrlichkeit, und keine höfliche Konversation über das Wetter. Und so redeten wir.

Sie starb im folgenden Jahr. Nicht lange danach bemerkte ich einen Zettel, der zwischen zwei Büchern in meinem Regal steckte. Ich zog ihn heraus und las ihn. Es war eine kurze Notiz in der Handschrift meiner Mutter: »Ich liebe dich, Ronald Louis Dunn. 24. Oktober 1973.« Es war wohl ein Dankeschön dafür, daß sie mit mir hatte reden können.

In seinem Buch *Wie wir sterben* berichtet Sherwin B. Nuland von dem tödlichen Krebs seiner Tante Rose und wie er und andere Familienmitglieder den Arzt baten, ihr ihren wahren Zustand zu verheimlichen. Er fährt fort:

Ohne es zu merken, beginnen wir einen der schlimmsten Fehler, den eine Familie in dieser Situation machen kann. Wir alle, und dazu gehörte auch Rose, beschlossen gegen alle Prinzipien der Offenheit, daß wir einander die bittere Wahrheit lieber verschweigen wollten, statt uns aufrichtig gegenüberzutreten, uns gegenseitig zu trösten und uns die Chance zu geben, das Schicksal mit Würde zu tragen. Diese Hoffnung haben wir uns selbst genommen.[4]

Dr. Nuland weiter:

Man kann Todgeweihten immerhin versprechen, daß man sie im Sterben nicht allein läßt. Besonders trostlos und einsam ist das Sterben, wenn dem Kranken vorenthalten wird, daß der Tod gewiß ist. So kann die Absicht, einem Todkranken die Hoffnung nicht nehmen zu wollen, ihn einer wertvollen Hoffnung berauben. Solange wir nicht wissen, daß wir sterben, und die Umstände unseres bevorstehenden Todes nicht möglichst genau kennen, können wir von unseren Lieben nicht Abschied nehmen. Dann bleiben wir, auch wenn sie in der Stunde des Todes anwesend sind, einsam und ohne Trost. Erst das Versprechen geistigen Beistands am Ende gibt uns eine Hoffnung, die viel stärker ist als der Trost physischer Hilfe.[5]

Reinen Wein einschenken!

Es mag Ausnahmesituationen geben, wo man dem Kranken besser nichts sagt, grundsätzlich jedoch finde ich, daß ein Todkranker das Recht hat, zu wissen, daß er sterben muß. Es gibt mehrere Gründe dafür.

1. Zunächst einmal kann das Eingestehen der Wahrheit dem Patienten eine große Last abnehmen. Er braucht nicht mehr so zu tun, als ob, er muß nicht mehr für die anderen stark sein, sich nicht mehr nach ihren Erwartungen verhalten. Für die zu Beginn dieses Kapitels erwähnte Doris war es eine riesige Erleichterung, als sie sich endlich eingestehen durfte, daß sie vor dem Tod stand. Wir laden dem Patienten nur noch eine Extrabürde auf, wenn wir erwarten, daß er weiter den großen Tapferen spielt. Und auch wir selber werden eine Last los, wenn wir ehrlich zu dem Kranken sind – die Last unserer eigenen Schauspielerei.

2. Der Kranke hat möglicherweise Dinge, die er ordnen muß – juristische Angelegenheiten oder auch geistliche, tausend Dinge. Vielleicht will er sich mit bestimmten Menschen aussöhnen. Der Todkranke sollte dies tun können, solange er noch die Kraft und geistige Klarheit dazu hat.

3. Alle Beteiligten bekommen eine Chance, offen Abschied zu nehmen. Ich habe mit vielen Trauernden gesprochen, deren großer Schmerz war: »Wenn ich mich nur von ihm/ihr hätte verabschieden können!« Zum Teil sind sie dann allein zum Friedhof gefahren oder haben dem Verstorbenen einen Brief geschrieben, um das Abschiednehmen nachzuholen. Der persönliche Abschied von dem Sterbenden setzt einen Schlußpunkt und ist eine große Hilfe für den Trauerprozeß nach dem Tod.

Ebenso hat der Sterbende selber das Recht, Abschied von seinen Lieben zu nehmen. Ich habe meiner Kaye bereits gesagt, daß ich es wissen will, wenn mein letzter Weg beginnt. Es gibt mehreres, was ich dann ihr und den Kindern sagen will. Und wenn meine Frau im Sterben läge, würde ich ihr noch einiges sagen wollen (»Wo hast du das Geld versteckt?«).

Eine Trauernde, mit der ich sprach, gehörte zu einer Familie, die sehr an Krankenheilung glaubte. Wenn sie ihren Vater im Krankenhaus besuchte, durfte sie ihm nie etwas Negatives sagen, um ja nicht die Glaubensbalance zu stören. Nie konnte sie ehrlich zu ihm sein, ihm auf Wiedersehen sagen oder ihm sagen, was er ihr bedeutet hatte, denn das hätte ja bedeutet, daß sie die »Glaubenskette« gebrochen und seinen Tod heraufbeschworen hätte. Ich habe mit vielen Menschen gesprochen, die in solch einer Situation waren, und für mich ist dies eine der grausamen Seiten der Heilungstheologie.

Als mein eigener Vater an seinem Krebs starb, stand ich vor einem ähnlichen Dilemma. Ich wußte, daß er im Sterben lag und daß er das sehr wahrscheinlich ebenfalls wußte, auch wenn niemand es erwähnt hatte. Aber ich wollte ihn nicht einfach so gehen lassen! Eines Tages war ich allein mit ihm in seinem Krankenzimmer. Seine Augen waren geschlossen, aber ich wußte, er schlief nicht. Man stand kurz davor, ihn in die Sterbeabteilung zu verlegen, ich konnte nicht mehr warten. Und ich nahm seine Hand und flüsterte ihm zu – ja, nicht, daß er im Sterben lag, aber wie stolz ich auf ihn war. Er hatte nie die Oberschule geschafft, aber sechs Tage in der Woche von morgens bis abends gearbeitet und war ein hocherfolgreicher Geschäftsmann geworden. Ich sagte ihm, daß ich stolz war, sein Sohn zu sein. Ich dankte ihm für das Zuhause, das er uns gegeben, und daß er uns so christlich erzogen hatte. Ich sagte noch viel mehr. Mein Vater sagte kein Wort, aber als ich fertig war, öffnete er seine Augen und sah mich an. Seine Augen waren voll Tränen, und ich wußte, er war dankbar für das, was ich da gesagt hatte. Das war vor über sechs Jahren, und es ist eine der kostbarsten Erinnerungen, die ich an meinen Vater habe.

»Ich möchte dir sterben helfen«

Die meisten von uns fühlen sich hilflos, wenn jemand, den wir kennen, von Krankheit oder einem Trauerfall heimgesucht wird. Immer wieder berichten Trauernde mir verbittert, daß ihre Freunde den Todesfall sorgfältig aus ihren Gesprächen aussparen. Manchmal mag dies Gedanken- oder Gefühllosigkeit sein, aber meistens liegt es eher daran, daß der andere sich machtlos fühlt und Angst hat, das Falsche zu sagen. Aber nicht nur der Sterbende selber braucht Menschen, die für ihn da sind, sondern auch die Hinterbliebenen.

Ich hatte immer gedacht, daß ich, der Einzelgänger, niemanden brauchen würde, wenn es bei mir einmal einen Trauerfall geben würde. Aber als es dann soweit war, entdeckte ich einen unstillbaren Hunger nach Menschen – Menschen, die wußten, was da geschehen war, und denen es nicht egal, sondern das Wichtigste in der Welt war.

Wie können wir einem Sterbenden helfen?

1. Versichern Sie ihm, daß er nicht allein ist. Wir sind bei ihm, wir sind für ihn da. In seinem faszinierenden Roman *Der Tod des Iwan Iljitsch* erzählt Tolstoi die Geschichte eines Mannes, der vor einem Tod in entsetzlicher Einsamkeit steht, weil niemand die Wahrheit wahrhaben will:

> In der letzten Zeit dieser Einsamkeit, in der er beständig mit dem Gesicht zur Diwanlehne lag, dieser Einsamkeit inmitten einer bevölkerten Stadt und umgeben von seinen zahlreichen Bekannten und seiner Familie – einer Einsamkeit, wie sie vollkommener nicht zu finden war: weder auf dem Grunde des Meeres noch im Schoße der Erde –, in der letzten

Zeit dieser furchtbaren Einsamkeit lebte Iwan Iljitsch nur noch in Erinnerung an die Vergangenheit.[6]
Heute steckt man Sterbende meist in die Isolation eines Krankenhauses, wohlabgeschirmt hinter zugezogenen Vorhängen und »Bitte keine Besuche«-Schildern. Aber niemand sollte allein sterben müssen. Gehen wir zu ihm! Unsere Gegenwart wird ihn gewiß nicht kränker machen. Halten wir seine Hand – eine Geste, die ihm mehr als viele Worte sagt: »Du bist nicht allein, du bist nicht vergessen.«

2. Machen Sie ihm Mut, über seine Gefühle und Ängste zu sprechen. Dies ist eines der größten Geschenke, die wir einem Sterbenden machen können. »Wir müssen uns darüber im klaren sein, daß der fest auf Gott hoffende Gläubige dennoch im Angesicht des Todes große Kämpfe durchmachen kann.«[7] Es ist kein Zeichen von »Unglauben«, wenn der Patient seine Angst vor dem Tod zugibt oder sich Sorgen macht, was aus den Hinterbliebenen werden wird. Vielleicht sehnt er sich verzweifelt danach, seinen Gefühlen Luft zu machen, aber hat Angst davor, daß die anderen ihm dann seinen Glauben an Gott absprechen. Es ist unsere Pflicht, ihn solche Dinge ohne Angst vor Verurteilungen sagen zu lassen.

3. Hören wir dem Sterbenden zu. Viele Menschen sagen mir: »Ich weiß aber nicht, was ich sagen soll.« Aber das Reden ist gar nicht das Wichtigste, sondern das Zuhören. Wenn der Kranke über seinen Tod reden will, dann unterbrechen Sie ihn nicht mit Sprüchen wie: »Sag doch nicht so was; du wirst nicht sterben.« Lassen Sie den Sterbenden selber bestimmen, worüber er sprechen will, auch wenn er scheinbar zusammenhanglos redet. Sehen Sie ihm in die Augen, und konzentrieren Sie sich auf das, was er sagt. Die 1982 selber an Krebs verstorbene Betsy Burnham schrieb:

Wenn Sie einem Menschen helfen wollen, die emotionalen, geistigen und geistlichen Kämpfe zu bestehen, die zu einer Krankheit gehören, dann ist Zuhören der erste und wichtigste Schritt. Ein Besucher, der zuhört, hilft dem Kranken in seinen Kämpfen, trägt seine Last mit und macht so Kräfte frei, die der Kranke im Kampf um sein Leben einsetzen kann.[8]

4. Erinnern Sie den Sterbenden an die schönen Stunden in seinem Leben. Die Worte »Weißt du noch, wie wir damals ...« können ihm wie keine anderen helfen, zu sehen, daß er nicht umsonst gelebt hat.

5. Vor allem aber versichern Sie ihm, daß Gott nach wie vor bei ihm ist. Erinnern Sie ihn an Gottes Verheißungen für die Leidenden. Bibelverse wie Hebräer 13,5, wo Christus verspricht, uns nicht zu verlassen, oder Römer 8,35-39, wo uns versichert wird, daß nicht einmal der Tod uns von Gottes Liebe trennen kann, können dem Sterbenden großen Trost geben. Auch Christen müssen sterben, aber unser Tod ist anders; wir sehen ihn als einen *besiegten* Feind. Der Schlüssel zum christlichen Umgang mit dem Sterben ist die Tatsache, daß der Tod unsere Beziehung zu Gott nicht bedrohen kann.

6. Richten Sie den Blick auf die Herrlichkeit, die vor dem Sterbenden liegt. Der Tod des Christen ist nicht nur Abschied, sondern auch Heimkehr: zu unserem Herrn Jesus Christus und zu den Lieben, die uns vorangegangen sind. Lesen Sie dem Sterbenden vor, was Johannes in seiner Offenbarung über das Heimgehen des Christen sagt (21,1-5).

Max Lucado beschließt sein Buch *The Applause of Heaven* mit diesen Worten:

> Ehe du dich es versiehst, landest du, pünktlich zur vorgegebenen Zeit. Du gehst die Gangway hinab und betrittst die Stadt. Du siehst die lieben Ge-

sichter, die darauf warten, dich in Empfang zu nehmen, hörst, wie dein Name gesprochen wird. Und vielleicht – ja, vielleicht hebt ganz hinten der Eine, der lieber starb, als ohne dich zu leben, seine durchbohrten Hände von seinem himmlischen Gewand und . . . klatscht.[9]

EPILOG

Hab keine Angst

Fürchte Gott, und du brauchst vor nichts mehr Angst zu haben.   Augustinus

Eine alte Legende erzählt von einem Mann, der in seiner Kutsche nach Konstantinopel fährt. Plötzlich erscheint mitten auf der Straße ein in einen schweren Kapuzenmantel gekleideter Greis, der die Arme hoch zum Himmel erhoben hat. Der Reisende hält abrupt an, und die unheimliche Gestalt tritt an seine Seite und sagt, die Augen brennend: »Nimm mich mit nach Konstantinopel!«

»Wer bist du?« fragt der Reisende.

Der Verhüllte antwortet: »Mein Name ist Cholera. Fahr mich nach Konstantinopel!«

Der Reisende zuckt entsetzt zurück. »Nein!« ruft er, die Stimme zitternd. »Du würdest die Stadt töten!«

»Ich könnte *dich* töten, gleich jetzt«, flüstert der Choleramann. »Fahr mich nach Konstantinopel, und ich verspreche dir, ich werde nur fünf Menschen töten.«

Der Reisende läßt den Alten widerwillig in seine Kutsche steigen und bringt ihn nach Konstantinopel.

Zwei Wochen später sind 120 Stadtbewohner tot. Als der Reisende dem Choleragreis auf der Straße begegnet, schreit er ihn an: »Du Lügner! Du sagtest, du wollest nur fünf töten!«

Der Alte macht sich aus seinem Griff los und antwortet: »Ich habe nicht gelogen, ich habe mein Versprechen gehalten. Ich tötete nur fünf, *die anderen hat die Angst getötet.*«

Die anderen hat die Angst getötet! Wo Krankheiten Hunderte dahinraffen, tötet die Angst Tausende. Die Biologen erklären uns, daß die Angst eine der ersten und stärksten Emotionen ist, die Mensch und Tier kennen. Sie verfolgt uns von der Wiege bis zum Grab, verrät uns, schwächt uns, macht uns unfähig zum Leben.

Und nirgends ist die Angst stärker, als wenn wir Krankheit, Leiden und Tod gegenüberstehen. Wir haben nicht nur Angst vor dem Sterben, sondern vor der Krankheit selber, vor den Schmerzen und dem Elend, die sie in unser Leben bringen wird. Der stärkste Christ ist nicht immun dagegen.

Aber ich glaube, es gibt eine Antwort auf diese Angst. Die Worte, die Jesus auf der Insel Patmos an den Seher Johannes richtete, haben mir durch so manche Angstsituation hindurchgeholfen. Als Johannes den auferstandenen Herrn in seiner ganzen Herrlichkeit sieht, fällt er wie tot zu seinen Füßen. Darauf legt Jesus seine rechte Hand auf ihn und sagt: »Fürchte dich nicht! Ich bin der Erste und der Letzte und der Lebendige. Ich war tot, und siehe, ich bin lebendig von Ewigkeit zu Ewigkeit und habe die Schlüssel des Todes und der Hölle« (Offenbarung 1,17-18).

»Fürchte dich nicht« – dieser Gruß Jesu ist einer der häufigsten, die wir in der Bibel finden. »Fürchte dich nicht« – das sagt der Engel, der Maria die Geburt Jesu ankündigt. Das sagt Jesus, als er Petrus in seine Nachfolge ruft, als er seinen Jüngern die kommenden Verfolgungen ankündigt, aber auch in Lukas 8,50, vor der Heilung der Tochter des Jairus.

Fürchte dich nicht vor dem Leben

Für viele Menschen gibt es Dinge, die noch schlimmer sind als das Sterben. Zum Beispiel das Leben; allein in den USA begehen täglich siebzehn Menschen Selbstmord. Viele Menschen haben mehr Angst vor dem Leben als vor dem Tod. Ihnen ruft Jesus zu: »Fürchte dich nicht! Ich bin der Erste und der Letzte und der Lebendige. . . . ich bin lebendig von Ewigkeit zu Ewigkeit.«

Um die Angst des Johannes zu stillen, legte Jesus seine rechte Hand auf ihn. Jesu Rechte, die Hand der Gnade und Macht, die den Schwachen stützt, den Gefallenen aufhebt und dem Kraftlosen Kraft gibt. Wenn Jesus den Kranken und Belasteten diente, legte er ihnen seine rechte Hand auf – den Blinden, den Tauben, ja sogar den Aussätzigen –, und diese Geste war schon die halbe Heilung.

Diese Hand, die Johannes schon so oft verspürt hatte, zeigte ihm, daß Christus immer noch da war, immer noch derselbe. Der Glanz seiner Herrlichkeit war neu, aber sein Herz und seine Barmherzigkeit waren unverändert.

»Ich bin der Erste und der Letzte«, sagt Jesus Johannes. Am Anfang und am Ende ist er da. Er ist zugegen bei unserer Geburt und bei unserem Tod. Er ist da, wenn wir unseren Jüngerweg beginnen und wenn wir ihn beenden.

»Ich bin der Letzte«: Wenn alle Könige der Erde zu Staub zerfallen sind und ihre Macht verflogen wie ein Rauch, wenn Paläste und Pyramiden ein Dunst geworden sind, den die Morgensonne vertreibt, wenn alle Großen dieser Welt stumm in ihren Gräbern liegen, wird Jesus immer noch dasein.

Es war das feste Wissen um Jesu Gegenwart, das das Herz des Apostels ruhig werden ließ. Christus sagt uns nicht: »Fürchte dich nicht, hier hast du eine Million Dollar« oder: »Fürchte dich nicht, hier ist eine Wundermedizin.« Er sagt: »Fürchte dich nicht, *ich bin's.*« Jesu Gegenwart hat immer die Angst vertrieben, und sie tut es auch heute. Unser größtes Gut in Leidenszeiten ist, daß Jesus bei uns ist. Das ist es, was Manley Beasley mir in dem Interview sagen wollte.

Jesus hat gesagt: »Ich will dich nicht verlassen und nicht von dir weichen« (Hebräer 13,5).

Die eine große Konstante im Leben des Gläubigen ist die Gegenwart Jesu. Teilhard de Chardin hatte recht, als er sagte: *Freude ist nicht die Abwesenheit von Schmerz, sondern die Gegenwart Gottes.*

Fürchte dich nicht vor dem Tod

Christus hat den Tod verändert. Der Tod ist ein Feind (»der letzte Feind, der vernichtet wird«, 1. Korinther 15, 26), aber er ist auch ein Freund. Paulus kann schreiben: »So sind wir denn allezeit getrost und wissen: Solange wir im Leibe wohnen, weilen wir fern von dem Herrn; denn wir wandeln im Glauben und nicht im Schauen. Wir sind aber getrost und haben vielmehr Lust, den Leib zu verlassen und daheim zu sein bei dem Herrn« (2. Korinther 5,6-8). Den gleichen Gedanken drückt er in seinem Brief an die Philipper aus: »Es zieht mich nach beiden Seiten: Ich sehne mich danach, aufzubrechen und bei Christus zu sein – um wieviel besser wäre das!« (1,23 Einheitsübers.).

Für den Christen heißt Sterben mehr als das Leben beenden; wir schlafen in Jesu Armen ein und verlassen diese Leibeshütte für eine kurze Zeit. Sterben – das heißt, zu Jesus gehen, und das ist wahrlich »viel besser«! Wie der Schlaf, so ist auch der Tod nur vorübergehend; wir werden wieder erwachen!

Christus hat die volle Kontrolle über den Tod, »die Schlüssel des Todes und der Hölle«. Stellen wir uns das nur vor: Der Teufel hat den Schlüssel zu seinem eigenen Haus nicht! Der Schlüssel ist ein Symbol der Autorität, der Macht, des Besitzes; wer die Schlüssel hat, der hat das Sagen. So schrecklich er auch ist, der Tod kann nicht machen, was er will. Nichts geschieht zufällig. Die gesamte Geschichte liegt in Gottes erwählender Hand. Auch der Tod ist in seiner Hand; ohne die Erlaubnis des Himmels kann er nichts tun.

Christus hat den Schlüssel zur Tür des Todes, das heißt: Niemand kann durch sie hindurch, wenn Christus sie nicht aufschließt.

Christus hat den Tod besiegt. »Ich war tot, und siehe, ich bin lebendig von Ewigkeit zu Ewigkeit.« Für den Christen ist der Tod nicht endgültig. Er kann unseren Leib nicht für immer festhalten. Christus ist gestorben und auferstanden, und weil er lebt, werden auch wir leben. Christus läßt uns an seinem Sieg teilhaben.

Der römische Kaiser Julian Apostata war der Neffe Konstantins und wurde christlich erzogen. Doch als junger Mann fiel er von seinem Glauben ab und trat zum Heidentum über. Als er 361 auf den Thron kam, versuchte er das Christentum auszulöschen. Einer seiner Anhänger spottete, während er einen Christen zur Hinrichtung führte: »Wo ist jetzt dein Zimmermannsgott?« Der Christ erwiderte: »Er baut einen Sarg für euren Kaiser.«

Und das stimmte, denn bereits 363 starb Julian im Kampf gegen die Perser. Als man den sterbenden Imperator vom Schlachtfeld trug, hob er die Augen zum Himmel und sagte: »Du hast gewonnen, Galiläer.«

Fürchte dich nicht vor der Ewigkeit

»Und als ich ihn sah, fiel ich zu seinen Füßen wie tot« (Offenbarung 1,17). Kommt Ihnen das nicht komisch vor? Statt laut zu jubeln, daß er Jesus sieht, ist Johannes von Angst erfüllt. Warum? Johannes konnte den Thron aus Jaspis, den smaragdenen Regenbogen, die sieben Leuchter, das Meer aus Kristall und die Tore des Himmels anschauen, ohne zu zittern. Warum ist es ihm nicht lauter Wonne, nach sechzig langen Jahren endlich seinen Herrn wiederzusehen?

Was sieht er hier? Die unverhüllte Gottheit, den Menschensohn, dessen Angesicht wie die Sonne leuchtet. Er blickt in die Augen des Richters der Erde, Augen, die wie Feuer brennen – und er fällt wie tot zur Erde.

Die Szene zeigt uns beispielhaft die Angst davor, dem Richter der Welt von Angesicht zu Angesicht gegenübertreten zu müssen. In Offenbarung 6 ist diese Angst so groß, daß die Menschen die Berge und Felsen bitten, auf sie zu fallen, um sie vor diesem Richter zu verbergen, ja in Offenbarung 20 fliehen Himmel und Erde vor seinem Angesicht. Sie können etwas vertragen, Himmel und Erde: Sie waren Zeugen, wie der Satan gegen Gott aufstand, die Feuer der Hölle entzündet und die gefallenen Engel in Ketten gelegt wurden, wie die Sintflut kam und Sodom unterging, wie der Hunger in Jerusalem wütete, daß Mütter ihre eigenen Kinder aßen ... Doch als sie den ewigen Richter sehen, fliehen sie voll Entsetzen.

Aber Jesus sagt: »Fürchte dich nicht! ... Ich ... habe die Schlüssel des Todes und der Hölle.« Oder wörtlicher nicht der Hölle (*gehenna*), sondern des »Hades« (so Elberfelder), also der unsichtbaren Welt, der Welt der Menschenseelen und himmlischen Geister, der Welt jenseits des Grabes – der Ewigkeit. Und es heißt »*die* Schlüssel«, nicht einfach »*der* Schlüssel«, was auf eine doppelte Macht hinweist: die Macht, vor der Hölle zu bewahren und in die Hölle zu schicken. Ob eine Menschenseele in der Finsternis der Hölle landet oder in der Herrlichkeit des Himmels, Christus ist Herr über alles.

Die »unsichtbare Welt« – der Ausdruck ist treffend, haben wir doch Angst vor dem, was wir nicht sehen und nicht wissen. Doch Jesus sagt: »Fürchte dich nicht!« Habe keine Angst vor der Ewigkeit, vor dem, was jenseits des Grabes kommt.

> Das Buch wird verlesen, so lang,
> doch kenn' ich den König,
> drum ist mir nicht bang.[1]

Als ich zehn Jahre alt war, machten wir bei den Pfadfindern einen Ausflug, bei dem wir lernen sollten, den Kompaß zu lesen. Wir waren vier Gruppen zu je vier Jungen, die je von einem älteren Pfadfinder geführt wurden. Man fuhr uns in die Boston Mountains bei Fort Smith (Arkansas) und ließ uns an verschiedenen Stellen aussteigen. Es war zehn Uhr nachts. Es hatte den ganzen Tag geregnet, und der Himmel war wolkenverhangen. Wir bekamen den Kompaßstand, dem wir zu folgen hatten, und zogen los. Der Kompaß würde uns zu einer Hütte bringen, wo heiße Schokolade und Plätzchen auf uns warteten.

Leider waren die Batterien damals noch nicht so gut wie heute, und bald wurden unsere Taschenlampen immer schwächer, bis sie schließlich ganz ausgingen. Ohne Licht konnten wir den Kompaß kaum sehen, geschweige denn ablesen. Eine Stunde sollte der Marsch dauern; nach zwei Stunden wußten wir, daß wir uns gründlich verlaufen hatten. Der ältere Pfadfinder behauptete, das habe er schon einmal gemacht (sich verlaufen, meinte er wohl), und führte uns in die, wie er meinte, richtige Richtung. Plötzlich wurde der Boden direkt vor uns noch dunkler, was nur eines heißen konnte: daß es hier steil abwärts ging. War der Abgrund hundert Meter tief? Oder nur einen? Wir wußten es nicht, es war zu dunkel, um es zu sehen. Dafür konnten wir vielleicht hundert Meter weiter vorne die erleuchteten Fenster der Hütte sehen, hinter denen jetzt unsere glücklicheren Mitpfadfinder ihre Schokolade tranken und ihre Plätzchen aßen.

Wir standen stockstill da und warteten. Irgend jemand mußte doch etwas tun und den Abhang hinunterkriechen, um zu sehen, wie es unten war. Irgend jemand – nicht ich, natürlich, ich war ja erst zehn, und mir reichte es, wenn ich ein Streichholz anzünden konnte. Alle sahen wir (soweit das in der Dunkelheit ging) den Großen an. Der seufzte schließlich resigniert auf, setzte sich am Rand des Abhangs hin und begann, hinunterzurutschen, nicht ohne uns den unnötigen Rat zu geben, zu bleiben, wo wir waren.

Eine Weile hörten wir, wie er durch das Gestrüpp nach unten rutschte – dann nichts mehr. Wir standen wie versteinert da, verwünschten das Pfadfinderleben und warteten. Nach einer halben Ewigkeit hörten wir von der anderen Seite der kleinen Schlucht eine Stimme – unser Pfadfinder. »Okay«, rief er. »Kommt, ihr schafft das!«

Und wir schafften es. Noch nie hatte heiße Schokolade so gut geschmeckt.

Eines Tages, wenn unser Herr nicht vorher wiederkommt, werden wir alle am dunklen Rand der unsichtbaren Welt stehen. Aber wenn wir gut hinhören, werden wir die Stimme des großen Pfadfinders hören: »Okay, komm! Du schaffst das!«

Anmerkungen

Kapitel 1

1. Peter Brown, *Die Keuschheit der Engel* (München: Hanser, 1991), S. 19f.
2. Lewis Thomas, *The Medusa and the Snail* (New York: Bantam Books, 1980), S. 37f.

Kapitel 2

1. C. S. Lewis, *Über den Schmerz* (Freiburg: Herder, 1966), S. 11f.
2. Kornelis Miskotte, *Wenn die Götter schweigen. Vom Sinn des Alten Testaments* (München: Kaiser, 1963), S. 255.

Kapitel 3

1. Arthur Kleinman, *The Illness Narratives* (New York: Basic Books, 1988), S. 45.
2. Leo Tolstoi, *Der Tod des Iwan Iljitsch* (Stuttgart: Reclam, 1965), S. 51.
3. Arthur Frank, *At the Will of the Body* (Boston: Houghton Mifflin Company, 1991), S. 38.
4. Thomas Bernhard, *Wittgensteins Neffe* (Frankfurt/M: Suhrkamp, 1982), S. 79f.
5. Arthur Frank (s. Anm. 3), S. 92.
6. Ebd., S. 20f.

Kapitel 5

1. Arthur Frank, *At the Will of the Body* (Boston: Houghton Mifflin Company, 1991), S. 91.
2. David und Pauline Rabin, *To Provide Safe Passage* (New York: Philosophical Library, 1985), S. 38,39,41.
3. Max Lerner, *Wrestling with the Angel* (New York: W. W. Norton & Company, 1990), S. 38f.
4. Simone Weil, zitiert in: Dorothee Sölle, *Leiden* (Freiburg: Herder, 1993), S. 144.
5. Howard Brody, *Stories of Sickness* (New Haven: Yale University Press, 1987), S. 108.
6. Arthur Kleinman, *The Illness Narratives* (New York: Basic Books, 1988), S. 160.
7. Jimmy Allen, *The Burden of a Secret* (Nashville: Moorings, 1995).
8. Wilfred Sheed, *In Love With Daylight* (New York: Simon & Schuster, 1995), S. 57.

9. Dr. Betty Sue Flowers, zitiert in: Kathy Cronkite, *On the Edge of Darkness* (New York: Doubleday, 1994), S. 204f.
10. Kay Redfield Jamison, *An Unquiet Mind* (New York: Alfred A. Knopf, 1995), S. 6.
11. Ebd., S. 7f.
12. Sheila Walsh, *Honestly* (Grand Rapids: Zondervan, 1996), S. 28.
13. Ebd., S. 60.

Kapitel 6
1. Bertrand Russell, *Philosophie des Abendlandes* (Wien: Europaverlag, 1975), S. 25.
2. Everett Ferguson, *Backgrounds of Early Christianity* (Grand Rapids: Wm. B. Eerdmans, 1987), S. 4.
3. Wayne A. Meeks, *The Moral World of the First Christians* (Philadelphia: The Westminster Press, 1986), S. 19.
4. Edith Hamilton, *Mythology* (New York: New American Library, 1942), S. 16.
5. *The Oxford History of the Classical World*, eds. John Boardman, Jasper Griffin, Oswyn Murray (Oxford: Oxford University Press, 1986), S. 13.
6. Everett Ferguson (s. Anm. 2), S. 5.
7. *The Oxford History of the Classical World* (s. Anm. 5), S. 13.
8. J. I. Packer, *Hot Tub Religion* (Wheaton: Tyndale House, 1987), S. 119.
9. Ebd., S. 91.
10. Eric Hoffer, *Der Fanatiker* (Reinbek: Rowohlt, 1965), S. 111.

Kapitel 7
1. Ashley Montague und Floyd Matson, *The Dehumanization of Man* (New York: MacGraw-Hill Book Company, 1983), S. 122.
2. Harvey Cox, *Verführung des Geistes* (Stuttgart: Kreuz, 1973), S. 302-304.
3. Ebd., S. 15.
4. Sigmund Freud, *Massenpsychologie und Ich-Analyse* (Frankfurt/M: Fischer, 1967), S. 19. Freud bezieht sich auf den Klassiker der Massenpsychologie, Gustave Le Bon (*Psychologie der Massen*).
5. S. Freud, ebd., S. 17.
6. Paul Tillich, *In der Tiefe ist Wahrheit* (Stuttgart: Ev. Verlagswerk, 5. Aufl. 1969), S. 87.
7. S. Freud (s. Anm. 4), S. 12f.
8. Larry Crabb, *Inside Out* (Colorado Springs: NavPress, 1988), S. 14.
9. Ernest Becker, *The Denial of Death* (New York: The Free Press, 1973), S. 217.

10. Van B. Weigal, *Ostrich Christianity* (Lanham, MD: University Press of America, 1986), S. 3.
11. Ernest Becker (s. Anm. 9), S. 178f.

Kapitel 8

1. Walter Bauer, *Griechisch-deutsches Wörterbuch zu den Schriften des Neuen Testaments und der frühchristlichen Literatur* (Berlin: de Gruyter, 5. Aufl. 1971), Sp. 1150.
2. Richard Mayhue, »Cutting It Straight«, in: *Moody Monthly*, Vol. 85, No. 1 (1984), S. 36.
3. Clark Pinnock, *Biblical Revelation* (Chicago: Moody Press, 1971), S. 208.
4. John R.W. Stott, in: *Christianity Today*, 8. Januar 1996.

Kapitel 9

1. Catherine Marshall, *Schritt für Schritt* (Konstanz: Bahn, 1989), S. 299.
2. Peter Donovan, *Interpreting Religious Experience* (New York: The Seabury Press, 1979), S. 270.
3. J. I. Packer, *Keep in Step with the Spirit* (Old Tappan: Fleming H. Revell, 1984), S. 201.
4. J. Robertson McQuilkin, *Understanding and Applying the Bible* (Chicago: Moody Press, 1983), S. 54.
5. Bernard Ramm, *Protestant Biblical Interpretation*, 3rd ed. (Grand Rapids: Baker Book House, 1970), S. 18.
6. Margaret Clarkson, *Destined for Glory* (Grand Rapids: Wm. B. Eerdmans, 1983), S. 94.
7. J. Robertson McQuilkin (s. Anm. 4), S. 49.
8. Gerhard von Rad, *Theologie des Alten Testaments*, Bd. II (München: Kaiser, 1968).
9. John Bright, *The Authority of the Old Testament* (Grand Rapids: Baker Book House, 1975), S. 149.
10. Warren Wiersbe, *Why Us?* (Old Tappan: Fleming H. Revell, 1984), S. 47.
11. Bernard Ramm, *Protestant Biblical Interpretation*, 1st ed. (Boston: W. A. Wilde Company, 1950), S. 101.
12. Warren Wiersbe (s. Anm. 10), S. 105f.

Kapitel 10

1. D. A. Carson, *Exegetical Fallacies* (Grand Rapids: Baker Book House, 1984), S. 106.
2. Clark Pinnock, *Biblical Revelation* (Chicago: Moody Press, 1971), S. 212f.

3. Bernard Ramm, *Protestant Biblical Interpretation*, 3rd ed. (Grand Rapids: Baker Book House, 1970), S. 107.
4. Ebd., S. 177f.
5. Ebd., S. 105.
6. J. Sidlow Baxter, *Divine Healing of the Body* (Grand Rapids: Zondervan, 1979), S. 114.
7. J. I. Packer, *Keep in Step with the Spirit* (Old Tappan: Fleming H. Revell, 1984), S. 195.
8. Dr. Philips machte diese Aussage in einer Podiumsdiskussion auf der 1991 Nationwide Bible Conference in der Bellevue Baptist Church in Memphis (Tennessee).
9. J. Sidlow Baxter (s. Anm. 6), S. 157.

Kapitel 11

1. Barnabas Lindars, *The Gospel of John*, The New Century Bible Commentary (Grand Rapids: Wm. B. Eerdmans, 1972), S. 475.
2. J. C. Ryle, zitiert von Leon Morris, *Commentary of the Gospel of John*, The New International Commentary of the New Testament (Grand Rapids: Wm. B. Eerdmans, 1971), S. 646.
3. Leon Morris, ebd., S. 646.
4. John F. MacArthur, Jr., *The Charismatics: A Doctrinal Perspective* (Grand Rapids: Zondervan, 1978), S. 135.

Kapitel 12

1. J. Sidlow Baxter, *Divine Healing of the Body* (Grand Rapids: Zondervan, 1979), S. 289.
2. Andrew Weil, *Spontanheilung* (München: Bertelsmann, 1995), S. 19f.
3. Lewis Thomas, *The Lives of a Cell* (New York: Penguin Books, 1978), S. 85.
4. Wade H. Boggs, Jr., *Faith Healing and the Christian Faith* (Richmond: John Knox Press, 1956), S. 23.
5. J. Sidlow Baxter (s. Anm. 1), S. 183f.

Kapitel 13

1. Howard Clark Kee, *Medicine, Miracle and Magic in New Testament Times* (Cambridge: Cambridge University Press, 1986), S. 1.
2. Paul Tournier, *Krankheit und Lebensprobleme* (Basel: Schwabe, 9. Aufl. 1984), S. 48.
3. Claus Westermann, *Genesis. 2. Teilband: Genesis 12-36* (Biblischer Kommentar Altes Testament, begr. von Martin Noth, hg. von Siegfried Herrmann und Hans Walter Wolff, Bd. I/2, Neukirchen-Vluyn: Neukirchener Verlag, 1981), S. 323.

4. Paul Billheimer, *Destined to Overcome* (Minneapolis: Bethany House Publishers, 1982), S. 94f.
5. Wade H. Boggs, Jr., *Faith Healing and the Christian Faith* (Richmond: John Knox Press, 1956), S. 23.
6. Ebd., S. 22.
7. Hans Küng, *Ewiges Leben?* (München: Piper, 4. Aufl. 1984), S. 35.
8. J. I. Packer, *Keep in Step with the Spirit* (Old Tappan: Fleming H. Revell, 1984), S. 214.
9. Vance Havner, *Fourscore: Living Beyond the Promise* (Old Tappan: Fleming H. Revell, 1982), S. 18.
10. B. F. Wescott, *The Gospel According to John* (Grand Rapids: Wm. B. Eerdmans, o.J.), S. 38.
11. J. Sidlow Baxter, *Divine Healing of the Body* (Grand Rapids: Zondervan, 1979), S. 123.

Kapitel 14
1. C. S. Lovett, *Jesus Wants You Well* (Baldwin Park, CA: Personal Christianity, 1973), S. 135.
2. *The Dallas Times Herald*, Montag 4. Februar 1985, S. 2.
3. Wade H. Boggs, Jr., *Faith Healing and the Christian Faith* (Richmond: John Knox Press, 1956), S. 113.
4. M. Scott Peck, *The Road Less Traveled* (New York: Simon and Schuster, 1978), S. 39.
5. J. I. Packer, *Keep in Step with the Spirit* (Old Tappan: Fleming H. Revell, 1984), S. 196.
6. Wade H. Boggs (s. Anm. 3), S. 116.
7. John W. Farquher, *The American Way of Life Need Not Be Hazardous to Your Health* (New York: W. W. Norton and Company, 1978), S. viii.
8. Paul Tournier, *Krankheit und Lebensprobleme* (Basel: Schwabe, 9. Aufl. 1984), S. 15.
9. Philip Yancey, *Where Is God When It Hurts?* (Grand Rapids: Zondervan, 1977), S. 73.

Kapitel 15
1. Leon Morris, *Basic Christian Doctrines*, ed. Carl H. F. Henry (Grand Rapids: Baker Book House, 1971), S. 152.
2. Margaret Clarkson, *Destined for Glory* (Grand Rapids: Wm. B. Eerdmans, 1983), S. 95.
3. Wade H. Boggs, Jr., *Faith Healing and the Christian Faith* (Richmond: John Knox Press, 1956), S. 85.
4. Leslie D. Weatherhead, *Why Do Men Suffer?* (New York: Abingdon Press, 1936), S. 171.

5. C. R. Brown, *Faith and Health* (New York: Thomas Y. Cromwell Company, 1910), S. 35.

Kapitel 16

1. J. Sidlow Baxter, *Divine Healing of the Body* (Grand Rapids: Zondervan, 1979), S. 148.
2. Philip Yancey, *Where Is God When It Hurts?* (Grand Rapids: Zondervan, 1977), S. 97.
3. Wade H. Boggs, Jr., *Faith Healing and the Christian Faith* (Richmond: John Knox Press, 1956), S. 30.
4. Larry Richards und Paul Johnson, *Death and the Caring Community* (Portland, Oregon: Multnomah Press, 1980), S. 39f.

Kapitel 17

1. Claus Westermann, *Genesis, 1. Teilband: Genesis 1-11* (Biblischer Kommentar Altes Testament, begr. von Martin Noth, hg. von Siegfried Herrmann und Hans Walter Wolff, Bd. I/1, Neukirchen-Vluyn: Neukirchener Verlag, 1981), S. 361.
2. Ebd., S. 362.
3. T. DeWitt Talmadge, *500 Selected Sermons*, Vol. 11 (Grand Rapids: Baker Book House, reprint, 1957), S. 339f.
4. Larry Richards und Paul Johnson, *Death and the Caring Community* (Portland, Oregon: Multnomah Press, 1980) S. 39.

Kapitel 18

1. J. Sidlow Baxter, *Divine Healing of the Body* (Grand Rapids: Zondervan, 1979), S. 167.
2. Larry Richards und Paul Johnson, *Death and the Caring Community* (Portland, Oregon: Multnomah Press, 1980), S. 38.
3. Curtis Vaughn, *James* (Grand Rapids: Zondervan, 1969), S. 118.
4. Alfred Plummer, *The Expositor's Bible*, Vol. 6 (Grand Rapids: Wm. B. Eerdmans, 1956), S. 632.
5. Ebd.
6. F. Wilbur Gingrich, *Shorter Lexicon of the Greek New Testament*, 2nd ed. (Chicago: The University of Chicago Press, 1983), S. 28.
7. Richard Mayhue, *Divine Healing Today* (Chicago: Moody Press, 1983), S. 111.
8. H. E. Dana und Julius R. Mantey, *A Manual Grammar of the Greek New Testament* (New York: The Macmillan Company, 1955), S. 137.
9. R. V. Bingham, *The Bible and the Body* (o.J., vergriffen).
10. Curtis Vaughn (s. Anm. 3), S. 119.

Kapitel 19

1. Hans Küng, *Existiert Gott?* (München: Piper, 3. Aufl. 1995), S. 702.
2. Harold S. Kushner, *Wenn guten Menschen Böses widerfährt* (Gütersloh: Gütersloher Verlagshaus Mohn, 1990), S. 126.
3. Ebd., S. 122.
4. Shirley C. Guthrie, »Human Suffering, Human Liberation and the Sovereignty of God«, in: *Theology Today*, Vol. 53, No. 1, April 1996, S. 31.
5. Ebd., S. 32.
6. Sharyn Echols Dowd, *Prayer, Power and the Problem of Suffering* (Atlanta: Scholars Press, 1988), S. 33.
7. Arthur Frank, *At the Will of the Body* (Boston: Houghton Mifflin Company, 1991), S. 4.

Kapitel 20

1. Elisabeth Kubler-Ross, *On Death and Dying* (New York: Macmillan, 1969), S. 36f. (Deutsche Ausgabe: E. Kübler-Ross, *Interviews mit Sterbenden*, Stuttgart: Kreuz-Verlag, 20. Aufl. 1996)
2. Joseph Bayly, *The Last Thing We Talk About* (Elgin, Illinois: David C. Cook Publishing Company, 1969), S. 19.
3. Earl A. Grollman, *Coping with Death and Dying*, ed. by John T. Chirban (New York: University Press of America, 1985), S. 49.
4. Sherwin B. Nuland, *Wie wir sterben: ein Ende in Würde?* (Rheda-Wiedenbrück: Bertelsmann-Club, 1995), S. 360.
5. Ebd., S. 358.
6. Leo Tolstoi, *Der Tod des Iwan Iljitsch* (Stuttgart: Reclam, 1965), S. 83.
7. Larry Richards und Paul Johnson, *Death and the Caring Community* (Portland, Oregon: Multnomah Press, 1980), S. 33.
8. Betsy Burnham, *Die letzten Jahre mit dem Schwerkranken* (Bad Liebenzell: Verlag der Liebenzeller Mission, 1983), S. 27.
9. Max Lucado, *The Applause of Heaven* (Dallas: Word Publishing, 1990), S. 189f.

Epilog

1. »No More Nights«, Text von Wayne Harrah, published by Word Music, Inc.